自分のことは話すな

仕事と人間関係を劇的によくする技術

吉原珠央

GS 幻冬舎

まえがき

「なぜこの人は自分のことばかり話したがるのだろう」
「なぜこの人は余計なことばかり話すのだろう」
「なぜ本題に入る前に、いつも天気の話をするのだろう」
「なぜこんなに無駄な雑談に付き合わされなくてはならないのだろう」
「なぜこの人の反応は、こんなにイラッとするのだろう」

そんな日常的な疑問が、この本を書くきっかけでした。

そもそも、「相手は自分の話に大して興味を持っていない」という客観性を持ち合わせている人は、どれだけいるでしょうか。

実は、このことを意識して話しているかどうかで、仕事も人間関係も、ものすごく大きく変わるのです。

「自分のことは話すな」というシンプルな考えこそが、本書で、私が最も伝えたいメッセージです。

ちなみに、本書でお話ししている「雑談」「余計な話」とは、相手に求められておらず、誰にとっても時間のムダでしかない、浅くて表面的な話のことを指しています。

さて、仮に仕事やプライベートで、「この人とのご縁はなんとしてでも繋《つな》げたい！」「この人とは、なんとしてでも仲よくなりたい！」「この人と一緒にいたい！」「この人との関係性を深めたい！」と思っている相手が存在するとしましょう。

私でしたら、天気の話など飛ばして、「吉原さんの会話に関する考え方に大変興味があるので、よろしければ、ぜひお話を聞かせてください！」と、冒頭からスパッといわれたほうが、よっぽど嬉しいです。

また、相手の時間をムダにしないよう余計なことは一切いわずに配慮してくれたり、気の利いた、あるいは的を射た質問によって相手への興味を全開にするなどの気配りを感じられるほうが、お互いに関係がぐっと深くなる気がします。

本題や本当に知りたいこと、聞いてみたいこととは関係のない話をして、表面的には感じよくふるまうことができたとしましょう。しかし、そのとき交わした会話によって、その後、あなたの売りたい商品が全て売れるとか、相手と結婚に繋がる関係を作れるとか、会社の面接に通って採用される、などということは決してありません。

「とりあえず天気の話題から入ろう」「場が和むような世間話で盛り上げたい」「相手の発言に

対しては、すごいですね！　と褒めよう」などという考え方があるとするならば、それは時間のムダでしかないと断言できます。

そもそも、相手が何を求めているのかを一括《ひとくく》りにしすぎていませんか。例えば、「褒めると喜ぶ」「つっこんだことを聞くのは失礼だ」「失敗談を話せば親近感を持たれる」などです。

まず、本書では「褒める」ということ自体が、上から目線であると指摘しています。

また、「プライベートな話をしないほうが失礼だ」と伝えていますし、多くを学んだはずの貴重な失敗談を語っても、それを相手が求めていなければ、よかれと思って話しているあなたは、残念ながら滑稽にしか見えないでしょう。

こうした余計な話や雑談によって、せっかくのあなたの魅力や熱意が伝わらず、「そこそこ感じがよいだけの人」という印象で終わってしまうなんて、なんともったいないことでしょう。

結局、自分のことや自己満足だけの話のネタは話さないほうが、会話の行方も相手への印象も、圧倒的によくなっていくのです。

私自身、このように「自分のことは話すな」という考え方を持って、本書の内容を会話に生かし始めてからのほうが、断然、相手との関係性や仕事の風向きが好転していきました。

そんな私は、「イメージコンサルタント」という仕事をしています。

ビジネスパーソンに「プレゼンテーション」のアドバイスをしていて、イメージコンサルタントとして活動する前の研修講師時代を含めますと、「コミュニケーション」を軸とした仕事歴はトータル17年ほどになります。

個別のコンサルティングや研修、講演などをしながら、プレゼンテーションやコミュニケーションに関連するビジネス書籍を6冊、出版させてもらっています。

また、イメージコンサルタントとしての感覚に加えて、女性として、母としての視点から、「ストレスフリー」をコンセプトにした『PURA《プーラ》 Tokyo《トーキョー》』という化粧品やファッションアイテムなどを扱うブランドを立ち上げ、会社を経営しています。

このような仕事を通じて、国内外のビジネスパーソンから起業家、教員、医師、モノづくりをしている職人さん、主婦や学生に至るまで、仕事やプライベートで実現したい具体的な目標がある人たちと、日々、様々な出会いがあります。

相手によって会話の目的は違っても、自分の話を聞いてほしいという考え方を捨て、一歩踏み込んだ深みのある会話にチャレンジすることは、自分の人生を思い通りに実現するうえで、誰にとっても必要なことだと確信しています。

この本を活用していただくにあたり、まずあなたにとって「あの人ともっと仲よくなりたい」「あの人からもっと信用されたい」と強く願う相手のことと、あなた自身が「こうありたい」と描いているイメージゴールを具体的に思い浮かべながら、読み進めてみてください。

もう、あなたの会話に余計な話はいりません！

さあ、この瞬間から、会話によってより大きな価値を生み出し、あなたが思い描く大切な人との関係を本気でよくするために、考え方を切り替えていきましょう！

自分のことは話すな／目次

第二章　ムダな会話をせずに相手の心を開く　85

DTP 美創

第一章

余計な話をすることが無意味なワケ

「自分をわかってほしい」と思うことほど傲慢なことはない

30代前半のころ、私は友人との会話の中で、今でも忘れられない情けない失敗をしたことがありました。

それは、数年ぶりに駅で偶然再会した友人と立ち話をしていたときのことです。

「珠央、忙しいの？　体調は大丈夫？」と、以前と変わることのない明るい笑顔で、その友人が話しかけてくれました。

すでにイメージコンサルタントとして仕事をしていた私は、ちょうど徹夜と長距離移動が続いていた時期でした。

元気かと尋ねられたときに、私は大して不調だったわけではないにもかかわらず、「もう、寝不足が続いていて疲れもピークだよ」と、思わず答えてしまったのです。

すると彼女は、「それは大変だね。そんなときは、寝るのが一番だよ。お休みは取れてるの？」などといってくれて、その後も、私の仕事や体調に関するやり取りが1分ほど続きました。

すっかり、彼女の優しさに甘え、忙しくて不調な人のフリをして労わりの言葉を独り占めしたい気分になっていました。

しばらくして、お互いに次の予定へと急がなければということになり、「私の話ばかりでごめんね！」といって彼女と別れました。

その後、気になって彼女にメールをしたところ、実は、私と再会したとき、彼女のお母様が目の病気で入院されていて、そのお見舞いの帰りだったということがわかりました。

そのうえ、大きな手術を目前に控え、家族皆がとてもナーバスになっていたというのです。

その後、友人のお母様の手術は無事に成功し、普段の生活を送れるようになられたとのことで、とても安心しました。

しかし私は、不安を抱え頻繁なお見舞いの疲れさえあった時期の彼女に、私自身のどうでもよい話を一方的に聞かせてしまったことを後悔しました。

もっと早く自分の話を切り上げ、相手の状況を尋ねるべきでした。

そもそもこれは、私自身が彼女に話を聞いてもらっていることに気分をよくして、「自分のことをわかってほしい」という欲求をコントロールできなかったことが原因です。

常に、「自分よりも大変な思いをしている人がいるはずだ」という考えを頭の中から外してはいけないと、改めて気づかされたエピソードです。

この「自分よりも大変な思いをしている人がいる」という考え方によって、余計なことや、相手を疲れさせるだけの意味のない雑談を回避することができます。

「自分をわかってほしい」「話を聞いてほしい」といった気持ちが生じることはごく自然なことではありますが、現在は、「出会ったら、相手のことを3つは知ろう」を会話で実践しています。

「私は」と、自分を主語にして話し始めるのではなく、相手の名前を声に出し（ほぼ強制的にでも）相手が話せるよう、答えやすい話題をふってみるのです。

「渡辺さん、今月も出張が多いのですか？」「田中さん、夏休みにハワイ旅行をされていましたよね？ ビーチはいかがでしたか？」「確か、澤田さん、お引っ越しをされていましたよね？ その後、落ち着かれましたか？」「加藤さん、ご家族の皆さんもお元気ですか？」など。

また、「私が」「私の」「私たちが」「私たちの」という主語を、相手との会話の中で3回連続して使うことがあれば要注意です。

このように主語が自分になっている状態で話し始めた回数が3回になったときは、一度、相手に話をふって、自身が話を聞く立場へと強制的にスイッチしましょう。

世の中には、話を聞くのが上手な人もたくさん存在します。

先ほどの私のエピソードのように、気分がよくなって、ついつい自分のことばかりを話してしまっても、聞き上手な相手なら、「私が聞き上手だから相手はたくさん話をしたくなるのね」と、ポジティブに受け止めてもらえるときもあるでしょう。

ですから、自分の話を相手に聞いてもらうことに対して、過剰なまでにためらう必要はありません。

ただし、その状況が続いて甘えっぱなしになってしまえば、かつての私のように、あなたばかりが話をしていることになり、「傲慢さ」が前面に出てしまいます。

まず、会話の早い段階で、相手の状況の確認をしておきたいですね。

そうすれば、相手に余計なストレスを与えることを避けられるばかりでなく、気配りに欠ける姿を見せずにすみますから。

そこで、先ほどのように、「出会ったら、相手のことを3つは知ろう」という意識で、3つ質問したり、3つ気になることを話題にしてみたりするのです。

そもそも、「私のことをわかってほしい」という気持ちは、欲求不満からくる傲慢さでしかありません。

自分の話をする前に、相手の顔色や汗のかき方、呼吸の速さ、髪や服装の乱れ、手荷物の大きさやボリューム、紙袋に書かれた店名や社名などから、体調のよしあし、疲労感のレベル、急いでいそうな雰囲気、仕事なのかプライベートなのか、緊張しているかどうかなど、相手の状況や心理状態を観察してみましょう。

額に汗をかきながら会議室に入ってくる人には、「大丈夫ですか？」「まずは喉を潤してくださいね」などと声をかけて飲み物をすすめてみます。

また、たまたま駅の階段の下で再会した得意先の社員が、大きな荷物を持っていたら、「お手伝いしましょうか？」などと、相手のために何かしてあげたいといった気持ちがあることを言動で表してみましょう。

相手の状況を無視したまま、「今日は本当に天気がよいですね」などといっていては、相手への興味・関心がなく、気が利かない自分勝手な人に見えてしまいます。

相手の状況に無関心なまま、「辛い」「大変だ」「最近、こんなことがありました！」などという自分中心の内容の雑談をするのは、相手にとっては時間のムダでしかありません。

また、「最近、テレビで見た……」「友達の会社の新人の話でさぁ、びっくりすることがあったんだけど……」などと、雑談ネタを一方的に披露するときにも用心が必要です。

例えば、カフェでばったりと知人に会って声をかけられたら、「お会いできて嬉しいです！声をかけてくださり、ありがとうございます」と伝えましょう。

他にも、「田中さん、お久しぶりです！　1カ月ぶりになりますね。その後、お変わりございませんか？　その節は、ご自宅にお招きいただき、ありがとうございました！　素晴らしい手料理のおもてなしをしてくださった奥様はお元気ですか？」「先週末のバーベキューでは、朝から準備をありがとう！　9月の連休あたりに、ぜひまたご一緒させてね」など。

とにかく雑談をしようとか、相手に話しかけなければと意気込み、自分発信でばかり話をすることを改めましょうというのが本書で伝えたいことなのです。

相手の情報を得られないまま会話をすれば、相手にとって意味のない雑談へ発展しかねません。

傲慢さと決別できず、自分中心の会話を続けていたら、相手のニーズに合った仕事の提案や、人生相談をされたときの的確なアドバイスもできるわけがありません。

結局、傲慢な人というのは、相手のニーズがわからないままに提案やアドバイスをするため、自身の勝手な想像による着地点のない話になりがちです。

これからは、人と話すときに、余計なことや、雑談のネタを選ぶよりも、目の前にいる相手の過去や、少し先の未来を想像してから言葉を選びましょう。

傲慢さという分厚いコートを脱ぎ捨てれば、私たちは相手ともっと価値のある会話の場面を簡単に作り出せるのです。

ニコニコしている人ほどあなたへの評価は厳しい

あなたは、会社の面接に行った際や、初めて会ったお客様との商談後、またはプライベートで出会った人とのおしゃべりの後、「なんて聞き上手な人だ」「たくさん話を聞いてもらえた」

などと嬉しくなった経験はありませんか？

仕事でもプライベートでも、「たくさん話したぞ！」「終始、感じよく話を聞いてもらえた」などとあなたが思うときほど、実は用心が必要です。

なぜかといえば、話の聞き手が、あなたとの今後の付き合いの可能性が低いと判断し、あなたを傷つけないために、感じよくニコニコとしながら、「優しい聞き手」を装ってくれていた場合も多いからです。

当然、例外もあります。

本気であなたに魅力と可能性を感じ、あなたから多くの意見や情報を聞き出したくて、話をしっかりと受け止めてくれたという場合もあるでしょう。

ただし、相手が「聞き上手」だと完全に思い込んでいる大多数の人が、相手に話の主導権を譲るという対応に不慣れで、強制的に相手を聞き役にさせてしまっているということに気づいていないことがあります。

あるとき、私のクライアントが経営している会社の採用面接について話をしてくださいました。

「今日も、過去のキャリアを延々と話す応募者さんがいて、がっかりしました。それらは履歴書を見ればわかることです。我々としては、書類に書かれていない内容でアピールしたいことや、弊社でチャレンジしたいことの具体的な話を聞きたかったのです」

そこで私は、そのような人たちに、どのように対応しているのかを聞きました。

するとクライアントは、「私は、否定も肯定もせず、穏やかに話を聞くようにしています。しかし、そのことに気をよくして、さらに自分のことばかりを話し続ける人が非常に多いのが現状です」とおっしゃいました。

続けてクライアントは、「私が穏やかに話を聞いている姿に対して、逆に危機感を覚えて鋭い質問をしてくれたり、自身を大きく変えた体験談や、準備してきたアイディアについてディスカッションできる流れに変えたりできる人であれば、採用に大きく影響するんですけどね」ともおっしゃっていました。

彼の会社には、すでに高い能力と豊富な経験を持った応募者が集まります。

そうした高いレベルの競争に勝ち採用される一握りの人というのは、聞き手の反応を見ながら会話を展開するセンスがある人だけのようです。

つまり、書面上の経歴が素晴らしいだけでは採用を決定することは困難であり、「決めの一手」として本人の魅力とリンクするコミュニケーションセンスが必要だということなのです。

相手がニコニコと自分の話を聞いてくれるのは、きっと自分のことを気に入ってくれているからだと勘違いをし、すぐに「あの人はいい人だ」「自分は気に入られている」と油断し、自己評価を高く見積もってしまうのは危険です。

相手がにこやかにあなたの話を聞いてくれているときほど、その時間と相手の労力に感謝し、常に「この話は相手にとって重要か？　ムダか？」という疑念を持ち続けながら、会話を進めていきたいものです。

ただそれは、自分の話に自信を持つなという意味ではありません。

あなたに気にしてほしいことは、自分にとって都合よく状況を決めつけないよう、一歩離れたところから自分を撮影した「カメラ映像」を見ているかのごとく、自分と相手を観察しながらふり返ってほしいということです。

堂々と自分の意見を話すということは大切です。

先ほどの応募者のように、自分の話ができる人は、積極性と発言力があるというふうにもみなされます。

しかし、それは相手の求めていることに沿った内容であり、また、相手を話に巻き込み、お互いにコミュニケーションに参加していると感じられる空気感の中で、初めて評価してもらえます。

相手が快く、あなたの話を聞き続けてくれているときは、それがあなたに対する気遣いであることと、状況を客観視できるスキルがあるかを試されているのかもしれないということを認識することが求められるのです。

常に、相手があなたの長い話に「まだ続くのかな」「話、長いな」「早く終わらないかな」「自分のことがよほど好きなんだなあ」などと、負担を感じている可能性があるという前提を踏まえることが第一歩です。

人は、相手の話に夢中になったり、会話の途中、人柄や意欲に魅力を感じたとき、実は、にこやかな表情を作ることさえ忘れることがあります。

ですから、話を聞くときの相手の表情がこわばっていたからといって、自分は相手に興味を持ってもらえなかったと、必要以上に気を落とすことはありません。

「ニコニコとして話を聞く人＝自分のことが好き」「表情がこわばっている人＝自分や現在の話題に全く興味がない」という公式だけで会話をすることは、相手の気持ちを読み取る分析力が甘いともいえます。

以前、私が講師を務めたプレゼンテーションセミナーを受講してくださったことがきっかけで知り合い、丁寧でユーモアに溢《あふ》れ「リアクションがすごい！」と尊敬しているMさんという男性経営者がいます。

Mさんは、色々な生活用品を販売する実演販売員の派遣や育成、そして企業における接客研修などのサービスを提供する企業を経営されています。

もちろん、ご自身も大手量販店やドラッグストアなどでの実演販売で、単価数百円から数万円にまでおよぶ数々の商品において、相当な販売実績を持っている方です。

そんなMさんから興味深いお話を伺いました。

「実際に店舗で実演販売をしている中で、ニコニコしながら大きくうなずいてくれるお客様ほど、実は商品を購入してくれません。逆に、にこりともせず、話にうなずくこともなかったお客様が商品を何個も購入してくれるケースも多くあります。

その理由は、購入意欲が高い人は、頭の中で電卓を叩いているから、表情がシビアになることにあります。

逆に、ニコニコしている人は、もともと購入意欲が低く、お財布の中のお金が減るというストレスがないために表情に余裕が持てるのだと思っています」

あくまでMさんの経験則による見解ですが、妙に納得してしまいました。

なぜならば、私自身も買い物をしているときに、消費者側として、Mさんがおっしゃった「表情と頭の中で考えていることのギャップ」について心当たりがあるからです。

会話中、相手がニコニコしているからといって、あなたに賛同してくれている人だとは限らないという危機感を持つだけで、あなたが余計な雑談をすることにストップがかかりやすくなるのです。

このように、ほんの少し意識を変えるだけで、「ニコニコしながら私の話を聞いてくれていたのに、結局、お客様は何も買ってくれなかった」と残念に感じる事態を避けることができるはずです。

相手があなたのために行動を起こしてくれるように促すには、相手に一歩踏み込んで、「ぜひ、あなたのことをもっと教えてください！」「ぜひ、あなたのお話を聞かせてください！」といった相手優先の姿勢で会話に臨むことがベストなのです。

「質問」にあなたの全てが表れる

人と会うたび、「とりあえず天気の話をしよう」「手始めに雑談でもしよう」などと自動的に考えてしまう人がいます。

そういう人は、同時に、どうでもよい雑談に相手を付き合わせ、相手の真意を何も引き出せないオチのない会話が続く状況に危機感を持たない人ともいえます。

あなたには仕事や人間関係で、どうしても手に入れたいものがあるとしましょう。

もし、そうであるならば、「話が軽い人」「内容が浅い人」などという印象を相手に与えてしまっていないかどうか、常にふり返り、「相手を大事に思う一言」を心がけることを徹底してみましょう。

初対面の人や出会ってから間もない人と話すとき、相手に出身地を聞いたり、聞かれたりすることがありませんか？

ところが実際には、出身地を聞いたり聞かれたりして、「へー」「ふーん」「あー、そうですか」という素っ気ない一言で終わってしまうことも多く、それは、とても失礼なことに違いありません。

出身地という大切な情報を軽く聞き流してしまうことなく、相手の情報や一言一言を丁寧に受け止めてこそ、あなた自身も、相手から大事にされるはずです。

私自身、出身地を聞かれた経験は何度もあります。

相手「吉原さんはどちらのご出身ですか？」
私「はい。私は埼玉県の川越です」
相手「へー」
私「学生時代はずっと川越の実家に住んでいたんです」
相手「ああ、そう」

という反応で終わる会話もありました。

まるで「とりあえず聞いてみるか」と、私に対して興味もないのに惰性で聞いてしまったかのようで、上から目線にも聞こえてしまいました。

「この人は何を知りたいのだろう？」「興味がないのなら最初から聞かなければいいのに」と、相手の質問に答えた自分に呆れるほどでした。

ところで、出身地というのは、誰にとっても世界でたった一つの特別で神聖な誕生のルーツとなる場所のはずです。ですから「出身地ネタは雑談として必須だから、とりあえず聞いてみよう」という考え方はなくしましょう。

そして、仮に質問した相手の出身地名を知らなくても、気にしすぎることはありません。

話し手は、出身地の情報そのものよりも、あなたが「自分の話を丁寧に受け止めてくれる人」かどうかを判断しているにすぎませんから。

相手の出身地についてよくわからず、焦って話題をすり替えるというNGの事例は、次のような会話です。

相手　「吉原さんはどちらのご出身ですか？」
私　「はい。私は埼玉県の川越です」
相手　「埼玉かぁ。草加せんべいで有名な草加は知っていて、友人もいます。前に草加に遊びに行ったことがあって……」

こちらの事例では、相手の答えをスルーして、自分が知る範囲の情報で話を展開させたいという雑さが読み取れます。

出身地を聞くこと自体は、相手のことを知るうえでしてもよい質問ですが、ある程度は、話の展開や着地点を考えてからのほうが、質問しやすくなります。

たまたま、相手の出身地についての情報をあなたが持っていたらラッキーかもしれませんが、知らなくても何の問題もありません。

繰り返しますが、重要なのは相手の答えに対して、あなたがどのように丁寧に受け止めて反応できるかです。

私たちは、相手から知らないことを聞いたときの反応の中で、自身の人柄や気持ちの余裕の有無などをさらけ出してしまっています。

例えば出身地についての質問をするときには、「知っている街」の場合と、「知らない街」の場合とで、どのような反応をするかのシミュレーションをしておくことです。

次は、私が相手に「出身は川越です」と答えたとして、相手が川越という街を知っていた場合の反応の事例です。

相手　「川越といえば、『小江戸・川越』として人気ですよね。2年ほど前に電車で遊びに行ったことがあるんですよ。吉原さんは、きっとお詳しいのでしょうね。今度行ったときのために、おすすめの和食屋さんなどがありましたら、教えてもらってもよろしいですか？」

そして、自分が知らない情報に対しては、次のように反応します。

相手　「川越でしたか。恥ずかしながら、地名を耳にしたことはあっても詳しくは存じ上げないのですが、都心からですと、どのような行き方がありますか？」

私　「川越と聞くと、だいぶ遠いイメージがあるかもしれませんが、例えば池袋から東武東上線に乗れば急行で30分ほどなので都心からも近いんですよ」

相手　「池袋から30分で行けるのですね！　それは想像していたよりもすごく近いなあ。海外の観光客の人たちにも訪れやすそうなロケーションですね！」

いかがでしょう。

出身地のことを詳しく知らなくてもデメリットなどなく、むしろ「行き方」に興味を持っている姿勢で質問できれば、会話の雰囲気がプラスの印象へと繋がります。

たまに、いつ行けるかもわからないのに、つい勢いで「絶対に今度行きますね！」などといってしまう人がいますが、自らにプレッシャーを課すことはありません。

「うわ、友人にもすすめてみたいな〜」などと独り言をつぶやくだけでも、十分、あなたは相手の出身地の話を丁寧に受け止めたことになります。

また、その土地の「おすすめ」を聞くことで、相手の「好み」についての情報を引き出しストックすることもできます。

ここで私が、「私は野菜が好きで、川越といえば、サツマイモが名物なんですよ」といったとします。

あなたでしたら、どのように反応されますか？

相手　「サツマイモですか！　なんだか食べたくなってきました。

もしよろしければ、今回のプロジェクトが無事に成功しましたら、川越にはかなわないかもしれませんが、オフィスから近い、サツマイモのてんぷらが絶品のてんぷら屋で、打ち上げの食事会はいかがでしょう？」

このように「好み」の情報を、「近い未来の現実的な約束」へと繋げてみるのもよいでしょう。

自らが発した質問と、それに対して相手が答えてくれる内容を、「雑談」という認識で軽く流してしまわないことです。

軽く流すことが習慣化していたとしたら、相手はすでにあなたが会話において手を抜いていることに気づいているかもしれません。

そうなれば、相手もあなたに対して、本気で向き合おうとはしなくなってしまいます。

また、出身地の話をしているときにタイミングよく、相手の答えに反応できない場合は、その場では潔く諦めることも一つの手です。

ただ、会話中の別のタイミングで、「川越のご出身ということでしたが、次の連休は川越に帰られるご予定ですか?」など、「あなたの答えたことを、しっかりと記憶に刻んでいますよ」といった反応ができれば、いい印象を与えられるでしょう。

「雑談」という考えを捨て、相手の発する言葉や、態度の一つ一つをしっかりと受け止めて、質問に答えてもらったら全力で反応する実践力をつけていきましょう。

言葉としての反応がうまく出てこない場合は、ゆっくりと抑揚をつけて、「川越ですかぁー」と、オウム返しをして考える時間を少しでも稼ぐというのも手です。

質問するなら、「会話の着地まで徹底的に魂をこめろ！」と、自分にいい聞かせてみましょう。

出身地を聞いたのであれば、相手の人生のスタート地点である大切な場所に対しての敬意をこめて反応することを、ここではおすすめしたいのです。

外国人との出会いの中で、相手に国籍を聞いた場合も同じことがいえます。

２０１５年の閣議決定により日本政府が承認した国家数は１９６カ国。

私には、知らない国名が山ほどあります。そういうときには、その国のことを教えてほしいという姿勢で質問をします。

地理、言語、食文化、服飾文化、流行《はや》っている映画、観光名所、日本までのフライトルートなど、知りたいことを聞いてみます。

私が海外に行ったときも、出身国を聞かれて、「日本語で『Thank you』は、何ていうの？」「ジャパン！　素敵な国ですね。いつか京都に行ってみたいのですが、どんな場所ですか？」などと聞いてもらうと親近感を覚えます。

知らないことがある事実よりも、知ろうとしない態度のほうが国際人としては恥ずかしいことだと、私自身実感しています。

あなたが豊富に持っているかもしれない経済や政治についての持論を展開する前に、相手の情報の一つ一つを丁寧に受け止められているかをふり返ってみませんか。

そういえば、中学生のころ、修学旅行で京都へ行ったときに、「あなたたちはどこから来たの？」と、初老の女性に横断歩道の信号待ちのときに聞かれたことがありました。

10代の私たちが、「川越です」と照れながら答えると、「そうなの。川越は、あなたたちみたいに笑顔の素敵な学生さんが多い街なのね。旅行を楽しんでくださいね」といって、去っていかれました。

なんという、粋なお答えでしょう！

きっと、女性は川越という街をご存じなかったのでしょうが、物事をどれだけ知っているかよりも、どれだけ丁寧な受け止め方で、相手に寄り添う一言を伝えられるかによって、人生の中で記憶に刻まれるような場面になるかならないかが決まるのですね。

雑談が多い人ほど自分に甘い

以前、私がイメージコンサルタントとしてコミュニケーションセミナーを主催したときのことです。そちらに参加してくれた営業職の男性が、ご自身の勤務される会社で「新人向け営業研修」を受けたときのことを話してくれました。

内容は、その研修の中で、お客様との商談という設定でロールプレイングをしたときのエピソードです。

男性は、「研修講師から『お客様との会話で沈黙を作ってはいけません。とにかく、何でもいいから口を動かして会話を続けなさい』とアドバイスを受けたのですが、話し続けるというのは非常に難しかったです」と、おっしゃいました。

そして、その男性は、ロールプレイング中、沈黙を作らないために口を動かし続けることが最大の目的になってしまい、そのプレッシャーで、お客様役の同僚と話した内容をほとんど覚えていなかったそうです。

さて、お客様との会話の目的は何でしょう。

それは、最終的に商品を購入してもらうなど、会社の利益を生み出すということのはずです。そのためには、お客様に「この人から商品を買いたい」「この人は信用できる」と思ってもらうことが必要です。

つまり、「口を動かし続ける」「沈黙を一切作らない」ということが、毎回、必ずしも必要というわけではないのです。

先ほどの男性は、「もっと相手の話を聞くべきでした」ともおっしゃいました。

私も同感です。

相手の情報を引き出してから、目の前の相手に合わせた提案ができる状態で会話を進めるほうが、本来の売り上げという目的への近道になります。

ただ、もしかすると、先ほどの営業研修講師の方は、お客様と会話をするときに極端に緊張したり、経験値がまだ浅いことで自信が持てず、急に黙り込んでしまうようなことを避けるために、新入社員に対し、とにかく相手に話し続けなさいとアドバイスされたのかもしれません。

確かに、経験豊かなトップセールスパーソンに比べたら、言葉が足りないことがあるかもしれません。とはいえ、経験、知識、自信がないからといって、「沈黙を作らないための雑談」に持ち込もうとするのは、相手にとって迷惑です。お客様の時間を余計な話で奪うなどという発想はきっぱりと捨てましょう。

まず、商談や相手との関係性にプラスになる質問項目（購入意思、購入目的、現状の困りごと、最適な購入のタイミング、相手の好み、相手の決断を妨げているもの、予算など）を頭の中にインプットしておきましょう。

それは、翌日の仕事のためにスーツやシャツ、ネクタイ、携帯電話、財布を準備しておくことと変わらない習慣としてシンプルに考えてください。

先ほどの質問項目を当たり前のように意識する習慣があれば、肝心なことを聞き忘れず、大切なことを聞きながら対応することができるでしょう。

私自身は、買い物をするためにお店に入ったとき、浅く軽い反応で会話をしている店員がいると、本当に商品を売り込みたいのか疑問を抱きます。

不器用であったとしても、本気でお客様のニーズに応えるために質問をしたり、私自身のためだけの提案をする人を信用しますし、お金を使う価値があると感じます。

雑談が多い販売員というのは、お客様から購入を拒否される恐怖心から、無意識にムダな話をすることで拒否を回避しようとしているのでしょう。

あるいは接客業で給料をもらっている自覚や探求心がないのだと考えられます。

つまり、現実をきちんと捉えていないうえに、リスクと向き合い、チャレンジすることを避けているのです。しかし、チャレンジするからこそ、お客様との関係性や利益に直結する体験ができると私は考えます。

「お客様との雑談が得意」「お客様と会話が続く」という人がいれば、それは自己満足にすぎないのです。

自分自身を甘やかさず、もっと深くお客様を知ろうとか、提案してみようとする行動こそ、人が大切なお金を使おうとする心理と行動に直接、繋がっているのですから。

もしも雑談をばっさりと断ち切るのが難しいと感じたら、会話と会話の間を見つけて、「そうそう、お客様のご旅行のお話を伺っていて思い出したのですが、ぜひお見せしたい、ちょうど本日入荷したばかりのかっこいいスニーカーがあるんです！　旅先でも疲れにくいですし、本当に軽くてフィット感がよいので、よろしければご覧になってみてください！　すぐにお持ちいたしますね」などといって、商品に触れるチャンスを作ってみるのはいかがでしょう。

雑談が多いなと自分で感じるとき、それは相手が自分を受け止めてくれないかもしれないという勝手な不安を抱いているのかもしれません。

起こってもいないことに対して不安を抱えなくても、きっとあなたは大丈夫です！

あなたが、より高い目標を持って仕事をしていきたいと思うのでしたら、雑談という甘えを捨てて、話すべきことを話す時間を、あなた自身で作り出していきましょう。

雑談をなくせば利益が生まれる

さて前述しましたが、私はイメージコンサルタントとしての経験も生かしつつ、2016年にオリジナル化粧品とアパレル商品などを揃えた小さなライフスタイルブランドを立ち上げました。

現在はコンサルティング業と並行し、オンラインストアを通して物販の仕事もしています。

そんな中、ありがたいご縁があり、京都にある大手百貨店内において、自社の化粧品ブランドの1週間の期間限定ショップをオープンさせてもらうことができました。

「35歳からの女性のストレスフリーなライフスタイル」というコンセプトを掲げ、ナチュラル成分と化学成分を最適なバランスで配合した化粧品ラインナップは、3000〜7000円台と、高価格帯に位置づけられます。

京都には、ほとんど知り合いもなく、生まれたばかりの無名ブランドによる、初めての店頭販売でのチャレンジでした。

結果を先に申し上げると、百貨店の担当者の方からは、無名のブランドでは難しいといわれていた期間中のトータル目標の売り上げを、十分達成することができました。

中には、すでにデパート内で目的の買い物をすまされ、出口へ一直線の、化粧品には全く興味がなさそうなお客様に私が話しかけ、1万円以上お買い上げいただくといったこともありました。

「全く買う気配すらなかったお客様だったのに……」と百貨店の方や弊社スタッフに驚かれるほどでした。

なぜ、驚かれたかといえば、女性にとって新しい化粧品を購入するということは、普段スーツと革靴で仕事に行く男性がスポーツウェアで仕事に行くほどの大きな変化であることも多く、決断が慎重になる人が少なくないからです。

もし、私の会社のブランドが、テレビCMで有名タレントを起用して大々的な宣伝をするなど、誰もが知る歴史も実績もあるハイブランドの化粧品でしたらまだしも、私たちのような小さなブランドの化粧品を使おうと決断されることは、女性にとって非常に大きな賭けであることは明らかです。

そういった状況下で店頭に立ったとき、当然ですが、私は接客中に「雑談をする」という概念を頭の中に持つことは一切ありませんでした。

相手の時間をムダにする雑談よりも、自信のある自社商品を、目の前のお客様のニーズに合わせて提案できるよう、「お客様のことを知りたい」「何か私たちにできることはないか」という思いだけを持って言葉を選びました。

そもそも、忙しそうなお客様の時間をムダにはできません。

ですから、「まずは知ってもらうために体験してもらう」というきっかけを作るため、「アロマの優しい香りはお好きですか？」と聞き、「はい」「まあ……」といった、大抵の方が簡単に考えられて前向きな回答をしてくれるであろう質問を投げかけながら、クリームをお試しいただくチャンスを作り続けました。

「赤ちゃんに触れても問題ない処方で開発している高保湿の美容クリームです。のびもよくてなめらかさが気持ちよいので、よろしければ左手に少しおつけしてみましょうか？」とキャップを外して、今にもチューブ容器からクリームが出てきそうな状態と体勢で、お客様に近づきます。

このとき、礼儀正しく相手の目を見て（凝視はしないように）、笑顔での声かけを徹底し、実際にクリームを手につけさせてもらいました。

手に触れるという行為は、お互いに緊張します。私は、お客様の手をスピーディーに、かつ丁寧に触らせてもらうと、そのときの感触を声に出して伝えていました。

例えば、「うわ、お客様の手、柔らかくて気持ちいいです！」「とってもキメが細かくてすべすべとされていますね！」「指が長くてきれいですね～」「ネイルのデザインが可愛いですね！」など。

お客様は嬉しそうな表情で「えー、ありがとうございます」といってくれて、その後は普段のスキンケアについての話題へと自然に発展します。

逆に、「何もしていないので恥ずかしい」といわれれば、「お忙しくお過ごしなのではないでしょうか？」などと聞くことで、忙しくて時間がないのか、興味はあるがきっかけがなかっただけなのか、お肌が敏感で化粧品選びが難しい方なのかなど、スキンケアについての考えを知ることができます。

また、ほとんどのお客様は、弊社ではなく別のブランドの商品を使用されている女性ばかりです。

そこで、売り場で他社ブランドのクリームを塗って香りを試されたお客様が、別のブランドの商品棚へと動いた2~3歩目に、「こんにちは！ ◯◯さん（お客様が実際に試されていた他社ブランド）のクリームの香りって癒やされますよね」と、にっこりと話しかけたこともありました。

「そうですね。本当にいい香り」とおっしゃるお客様に、「お客様は、どのような香りがお好きなんですか？」と聞いてみるのです。

「甘い香りよりは、さわやかな柑橘系が好きなんです」とおっしゃれば、私は「うわぁ、お客様のナチュラルでさわやかな雰囲気と同じですね！ さわやか系の香りでしたら、ぜひご紹介させていただきたい美容液クリームがあるんです！ よろしければ、こちらにどうぞ！」といって、お客様を自社のブースにご案内しました。

香りが好きな女性には、五感で感じる感覚的な話から、香りが脳に及ぼす効果など科学的な話まで織り交ぜて、香りのパワーや商品の付加価値を知っていただくことができました。

しかし、このような展開ではなく、商品に関係のない天気の話や、一方的に商品説明などを30秒以上も続けるのは、時間のムダです。

女性にはお肌の悩みや仕事、恋愛、結婚、人間関係や将来のことなど、話したいこと、聞いてほしいことがたくさんあります。

　ですから、今回の期間限定ショップで、お客様と肌の乾燥や年齢によるシミ、シワの話で共感したり、ライフスタイルの話題を中心に会話をさせていただくことがとても楽しくて貴重でした。

　接客業の方や、就職活動中の学生のお客様には、私自身が採用コンサルタントとしての経験もあったので、知識や情報を活用してシーンに合うメイクの個別アドバイスもさせてもらいました。

　中には、シングルマザーとして新たに人生を歩み出されたばかりの方や、幼少時からお顔の印象に自信が持てないとおっしゃる方などから、人生についての深いお話を聞かせていただくこともありました。

　お一人お一人のお客様と会話をさせていただくたびに、「何か私ができることはないだろうか」という思いは強くなる一方でした。

　大切なのは、会話という限られたチャンスの中で、お客様のライフスタイルのどの部分に着目するかです。

　仕事でお疲れなのか、育児で睡眠不足が続いているのか、心理的な緊張をほぐしたいのか、年齢を意識したお肌のケアに力を入れたいのか、香りで癒やされたいのか、若々しさを意識しているのかなどとピンポイントで問題を見つけることが、相手への敬意でもあります。

「赤ちゃんに触れても問題ない処方設計で作られたオールインワン美容液クリームですが、つけてみませんか？」「クリームのアロマの香りだけでも、ぜひお試しになってみてください！」「しっとりさらさらとしているUVクリームなので、どうぞお外に出られる前に手につけていってくださいね！」など、私はクリームを片手にお客様と繋がることのできる、わずかな時間を作り続けました。

お客様がなんとか時間を割いてくれる、出会って2秒から3秒という時間内で信頼に値する真剣度と、話しやすい柔らかな雰囲気を感じてもらう必要があります。私自身、こうした経験を通して、改めて「雑談はいらない！」「自分の話はいらない！」「目の前の相手の話をしっかり聞け！」と声を大にしていうことができます。

お客様が求めているのは、「雑談」ではなく、「自分を大事に思って接してくれている」「自分にとって必要な提案をしてくれている」という2つの実感です。

相手との会話を途切れさせないことを目的とせず、雑談をなくして、「これが解決できたなら嬉しいな」と、相手が感じていることのたった一つにあなたがアプローチできたとしたら、もっと相手の役に立てることを見つけられるはずです。

想像するだけでもワクワクしてきませんか。

相手との関係を作り、経済的な利益のサイクルを回していけるかは、常にあなた次第なのです！

雑談好きの人は大事な場面で選ばれない

私は普段から目の前の相手が私に対し、適当な雑談を始めたり、私が話したことに対する反応があからさまに軽いとき、「ああ、残念だ」と感じます。

「私への興味・関心がないことを、ここまで見せつけなくてもいいのにな」「その話題は今じゃなくてもいいよね？」「それって、私じゃなくてもいい話題でしょう」などと疑問やストレスを感じてしまうからなのです。

ビジネスでの大事な場面や、重要なパートナーとして相手を選ぶかどうか迷っているときに、もしあなたが先ほどのような疑問やストレスを感じてしまったら……。

相手に対する違和感は、最終的に何かを判断する際に、大きく影響してくることでしょう。

少なくとも、私たち自身が相手に不要な疑問やストレスを感じさせないよう、注意しておきたい「無意味な雑談で損をしている状況」の具体例を挙げてみます。

・お見合いの場面で、聞かれてもいないのに延々と熱く自分の仕事の話ばかりする人
・卵アレルギーがある人に対して、最近気に入ったパンケーキ店の魅力を熱く語る人

・自社の新商品の企画会議なのに、「A社の◯◯はすごい」「ヒット商品を作るのは難しい」などと、他社への羨望と自社への諦めのトーンで話す人
・翌日までに決定したい議案があるのに、限られた30分間の会議中、異動した人の噂話をする人
・自慢できる友人の話を、最初の出会いから現在に至るまでストーリー仕立てで話す人
・熱々のスープを運んできて、お客様のテーブルから10秒以上も離れず、悠長にスープの説明をしている店員
・男女の子供を持つ親が、女の子の母親に対して、「男の子は特別な可愛さがある」と力説すること

いずれの例も、「相手から一切、求められていない話」という共通点があります。「自分が話したいことだから話す」「一生懸命な自分をわかってほしい」などといった勝手な思いからくる雑談です。

そんなことばかり話していると、大事な場面で選ばれる機会を失うことになります。

このようなタイプの人たちは、自分の立場しか考えずに話をしているため、周囲の状況を見る余裕がない人、あるいは自己陶酔している傲慢な人と思われかねません。相手にストレスを

感じさせているかもしれないといった気配りがほとんど感じられないことも非常に残念です。

しかし、意味のない雑談をする、あるいはその傾向があるからといって、性格が悪いなどといい切れるわけでもありません。

むしろ意味のない雑談を好む人の中には、フレンドリーで、人と人との和を大事にし、まとめ役となったり、ムードメーカー的な存在で明るい性格の人も多くいます。

また、真面目で嘘が苦手で、人や社会のために役に立ちたいという志が高い人もいます。

一方で、自分のことが好きなナルシストタイプや、話が長く時間に対する意識が低いタイプである場合もありますが、無意味な雑談をするような人とは付き合ってもムダ、などということを本書で伝えたいわけではありません。

重要なのは、他者への不平不満より、あなた自身が、求められてもいないのに、やたらと話が長いタイプになっていないかを確認しておくことなのです。

相手が求めていないのに、ためらいもなく自分の信念の話をしてしまう感覚は、重要な場面で舵を取るとか、責任ある事案を冷静に遂行するといった大事な場面で活躍できる人たちが持つ感覚とは真逆なのです。

会話の中で、危機感や緊張感を持てるか持てないかが、「大事な場面で選ばれる人・選ばれない人」の分岐点なのではないでしょうか。

重要な人生の場面におけるパートナー（結婚相手、再婚相手、病気やケガの治療にあたる医師、家や車を購入するときの担当者、資格取得や習い事の講師など）として見たとき、この人ではやや不安だと思われてしまうことがあっては、誰もその人を選ぶことはないでしょう。学歴やキャリアとは関係なく、性格が明るかろうが暗かろうが、無意味な話や、いわなくてもよい余計な話ばかりしている人というのは、もったいないことに、自らが人付き合いの幅を狭めてしまっていることに気づいていません。

雑談が好きな人は、結局、自分の時間も相手の時間も十分に活用し切れていないといえます。そういう人たちは、「私は雑談が得意だ」「誰とでも会話がうまくいく」「相手は自分の話を聞きたがっている」などと思い込んでいるのではないでしょうか。

「雑談」を空気のように感じている人たちに対して、「時間の価値を考えよ」といっても、腑に落ちないかもしれません。

あなたが会社員として働いている場合、勤務時間を8時間とするならば、毎日、雑談を続けていることで、休憩や事務作業を除く4時間は、人生の時間をムダにすることになります。

1年でおよそ960時間もの貴重な時間を、箸にも棒にもかからないような話に費やしてしまっている事実は、もはや驚愕するしかありません。

1年365日を、8760時間として計算すると、1年間のうち、およそ1・3カ月は、雑談の時間で埋め尽くされることになってしまいます。

1・3カ月という時間があったら、あなたは、どのように使いたいですか？　長期旅行もできますし、母国語以外の語学を徹底的にレベルアップすることも可能ですし、肉体改造して生まれ変わった体形を手にすることもできるでしょう。

ですから、これまでと同じように会話をする中で、「これは雑談？」「余計なこと？」と自ら気づき、表面的な会話に対する違和感を敏感に感じ取ることからスタートしてみましょう。

さらには、自分ばかりが話をしてしまったときは、「私のことばかり話してしまい失礼しました。古川さんは、この件でどのように思われますか？」と最後に一言、質問をするのです。

このように、確実に相手が話をせざるを得ない質問を会話に投入することで、あなたから相手に会話の主役を譲ることができます。

大事な場面で、あなたが今まで以上に選ばれる人になるために、「自分が話をする」というアクションから、「相手に気分よく話をしてもらう場面を作る」というアクションへとシフトしてみましょう。

無意味な雑談には3種類ある

「雑談力を上げたい」と思う人たちの中には、人付き合いが好きで明るい人、または生真面目で、もっと人と打ち解けたいと思っている人、仕事で結果を出すために必死な人などがいらっしゃるでしょう。

しかし、お天気の話で沈黙を避けられたとか、準備してきた雑談で笑いを取れた、あるいはうんちく話で「へー、色々とご存じなんですね」と相手にいわせたからといって、本来の仕事の目的を達成できるとは限らないはずです。

ご自身が博学で、人生経験も豊富で面白いネタを多種多様に持ち合わせ、その場を盛り上げることはできたとしても、仕事のパートナーとして「一緒に働きたい」、恋人や家族として「一緒に人生を歩みたい」、大きな出資や契約について「サポートをしたい」と思われるほどのインパクトを残すことは難しいでしょう。

ビジネス、または、ライフキャリアにおける大切な目標を達成するとき、「雑談力が高い人（沈黙を避け何が何でも会話を繋げようとする人）」を目指して相手とコミュニケーションを取っても、目標に直結するような大きな収穫はありません。

結局、「雑談力」を上げることばかりに気を取られている人たちは、描いている理想の状況への遠回りに気づいていないのです。

「それのどこが悪い！」と怒りを爆発させたあなたは、きっと雑談について、仕事や利益とは関係なく、「場を和ませる」などといった目的をお持ちでいらっしゃるのかと思います。

その場合は、雑談をするのも大いに結構なことです。

お互いに、契約も締切も予算も売上目標という制限もない中でしたら、ありあまる時間を使って、周囲を笑わせ盛り上げてください。

そうではなく、具体的に達成したい目的がある方には、本書で私が「いらない」と伝えている「雑談」には、大きく3種類あることを紹介させてください。

①相手から「求められていない話」……あなたの意見やアドバイスなどごく一般的な内容

②「○○であろう話」……確証のない噂や推測の「多分〜だと思います」といった内容

③「得のないムダ話」……会話を途切れさせないためだけの「だから何？」といった誰も得をしない内容

①「求められていない話」に関しては、ご想像に難《かた》くないでしょう。

私自身、物知りの方から自分の知らない話を聞くことも、心配してアドバイスをもらうこともあり、刺激や勉強になることが多く、ありがたいと感じることがあります。

ただ、「その話は知っています」「そのことについては、私が一番よくわかっています」と感じる内容が多いのも事実です。

あなたが人生の大先輩であったら、とても失礼であることを承知で申し上げています。あなたの話すことは、相手もすでに知っている場合も多々あります。

さらにはネットで検索すれば、あなた以上に専門知識を持った人の意見や、科学的根拠のあるデータを簡単に知ることができる時代です。

ですから仕事の緊急時を除き、あるいは、あなたにしかない非常に稀で貴重な経験談を除き（戦争を体験している、大病を経験しているなど）、転職や恋愛の相談などでどうしてもアドバイスをしたいときには、相手に対して、「自分が話せる程度のことは、すでに知っているかもしれない」という冷静で謙虚な姿勢を持つことが必要です。そもそも相手がアドバイスが欲しいのではなく、「それは大変でしたね」などと共感してほしい、または単に誰かに話を聞いてほしいときのほうが多いことも知っておきたいですね。

それでもなお、アドバイスをしてあげたいと思ったときは、「本当に余計な心配かもしれないのだけど、実は私も同じ失敗をしたことがあったので……」などと、自分がなぜあえて伝えたいのかの理由を前置きしてみると、相手に「ありがたいアドバイス」と感じてもらえることもあります。

普段から、すでに周囲に頼られてアドバイスを求められる立場にある人は、「相手にアドバイスをしてあげている」という傲慢さと決別し、「こんな自分に話をしてくれて光栄です」「私の話を聞きたいと思ってくれてありがとう」などと、声に出して伝えてみましょう。

そうすれば、相手にとって、あなたは「尊敬する必要な人」になっていくのではないでしょうか。

間違っても、突発的に「こういうときは、◯◯するべきだ」などという態度で意見を伝えることは避けたいですね。

このような伝え方では、相手のことよりも、自分が話したいことを話すだけの、視野の狭い自己陶酔型タイプに見えて、同時に情報もチープに聞こえてしまいますから。

そして、②確証のない噂や推測の「◯◯であろう話」は、次のような話の内容を意味します。

「御社は、A社のITサービスを利用されているのですね。A社は当社に比べて、社員の作業量が多く、残業時間が長いらしいので、あまり評判がよくないということをどこかで聞いたことがあります」

これは、私が実際に聞いたことのある話です。

「〜らしいので」「どこかで（誰かが）いっていた」などの憶測ばかりの話は、聞く側にとっては時間のムダでしかありません。

また以前、ちょうど米国大使館の近くをタクシーで通りすぎたとき、運転手の男性が突然声を荒らげて「米国の大統領は、日本が嫌で嫌で仕方がないんですってね。みんなそういっていますよ」と話し始めました。運転手さんの個人的意見を一方的に聞かされ、返す言葉もありませんでした。

こういう経験をするたびに、聞かれていないけれど、どうしても自分の考えを話したいという欲求をコントロールできる人でありたいと自分をふり返ります。

それでは最後に、③会話を途切れさせないためだけの「得のないムダ話」についてです。

このような、「だから何?」としかいいようのない、話題を広げにくい話をする人は、相手への気遣いが完全に抜けてしまっていることが明らかです。

ある日、私が雑貨店で商品を買おうとお店のレジに並んでいたときのことです。ちょうど私の前のお客様が、店員から「それでは、こちらの新規会員申し込み用紙にご記入ください」といわれて、特典が受けられる無料会員カードの申し込み用紙に記入をしようとしているところでした。

そのお客様が、申し込み用紙に記入を始めたところ、記入が終わるのを待っている店員が、「今日はよく晴れていますよね。明日も天気がいいみたいでよかったです」などと、天気の話をずっと続けていたのです。

申し込み用紙に情報を記入していたお客様は、「そうですね」などと返事をしながら手を動かすのですが、どうしても手が止まったりして、書くことに集中できていない様子がうかがえました。

結局、「書き終わりました」とお客様がいうまで、その店員がオチのない話を止めることはなく、その間、書き損じが1回あったようですが、「ありがとうございました！」と元気よく、お客様を見送っていた店員の様子を「あれま」と呆れながら見ていた私でした。

きっとこの店員は、話を途切れさせないようにすることがよいサービスだと勘違いをしていたのでしょう。

この場合、沈黙を作って、お客様が申し込み用紙に素早く、書き損じのないよう情報を記入することに専念させてあげることのほうが、気の利いたサービスとなるのではないでしょうか。

いずれの例にしても、余計な雑談というのは、いかに相手にとって迷惑であるかがおわかりいただけたはずです。

「3種類の雑談」は相手の時間をムダにするだけではなく、話している本人の評価を著しく下げます。

ここまで、「雑談はムダ」「余計な話はするな」などと書いていると、著者の私が、クールで冗談も通じない人に見えるかもしれませんが、そんなことはありません！

私は、雑談による意味のない時間に関しては明確な持論を持っていますが、昭和風のダジャレも好きですし（「トイレにいっといれ」など）、子供のことでイライラしたとき、ママ友と

「そういうの、あるある!」などといって大笑いをしてストレス発散をすることもしばしばです。

先日は、オフィスビルの清掃員の60代女性と、トイレで2分間の世間話をしました。

「それは雑談ではないの?」と思われますよね?

その方は、私が子供を預けて働いていることをご存じで、会うたびにエールを送ってくださいます。「ママ(私のことを指して)、頑張ってね!」「あなたのお子さんたちは、頑張っているママが好きよ」「私は若いときに、子供たちに苦労をかけたけれど、仕事をしていてもいっぱい愛情はかけてあげられたから、あなたのお子さんたちもきっと幸せよ」などといってくれて、彼女と話をするたび、いつも元気をもらっています。

こうした会話と無意味な会話との違いは、ずばり目の前の相手のことを思いながら話す会話か否かなのです。

あなたが誰かと会話をしていて、「この人は、私としっかり向き合って話をしてくれている」と感じることができれば、それは雑談にはなりません。

「求められていない話」「○○であろう話」「得のないムダ話」の3つの雑談には、十分気をつけて会話を進めましょう。

相手と張り合わないほうがうまくいく

「○○エアーのファーストクラスに乗ったとき……」

あるとき、大きな声で男性が話し始めると、同じグループの人たちが、「うわー！　すごい」と反応するのが聞こえました。

するとグループ内の別の男性が、すかさず「私も、○○エアラインのファーストクラスで……」と順番にファーストクラス体験を披露し、まるで自慢合戦のような場面に遭遇したことがありました（笑）。

そんな二人の話に反応しなくてはいけない若手の皆さんは、その話題を10分以上も聞かされていました。

これは、私がホテルのカフェで仕事の打ち合わせをしていたときに、聞こえてきた会話です。

他にも、これまでにどれだけ高級なワインを飲んだことがあるか、どれだけ知り合いが多いかなど、あらゆる自慢合戦が世間で繰り広げられているようです。

どのような話題であっても、相手と張り合うことになれば、どちらかが一歩引かない限り、気持ちよく会話を終わらせることが困難になるばかりでなく、お互いに「また会いたい」と思えない関係となってしまうかもしれません。

さらには、小さな自慢話ばかりをしている人は「視野も器も小さい」と思われて、大切な仕事の場面で、適任者として選ばれなくなってしまう可能性すらあります。

そうなると、このような会話は、全く無意味ということになります。

ちなみに、けた外れに財力や名声があって、品性のある人たちというのは、とても地味にふるまっていることのほうが多く、何をどれだけ持っているといった話題で、不要な嫉妬心や敵対心を持たれないよう用心しているかのように見えます。

さて、より身近な話題でも、私たちの生活の中で、知らず知らずのうちに、誰かと張り合っていると思われてしまうようなことがあります。

例えば、社内で上司へ業務の報告をしているときです。

一通り報告が終わり、上司から「C社への提案の準備は進んでいますか？」と聞かれて、「はい、終わっていますけど」という答え方をしていたとしたら、それは十分、張り合っているかのようなとげとげしさがありますから、注意したいところです。

逆に、印象のよい答え方として、「はい、そちらは完了しております。明日午前10時までには、資料も全て提出できますので、明日ご確認をお願いいたします」というように具体的なタイムスケジュールとともに報告をすると、精神的な安定感があり、落ち着きのある人として見られるはずです。

「張り合う」については、相手と意見が異なる場合にも、気をつけたいところです。

仕事においては、意見をはっきりと交わすことが求められるとはいえ、誰かと誰かの勝ち負けを決めようとする個々のプライドに固執するのではなく、あくまでも組織としての利益や成果を得るために「ベスト」を見つけるという着地点に向かって議論をする必要があります。

そんなふうに着地点が明確な仕事の場面ではなく、例えば町内会の集まりで、地域の祭りで使用する手ぬぐいはどの業者へ依頼するかといった議論があるとしましょう。

「これまでは吉田商店だったから今年も同じところで」という意見と、「今年はコストが20%も削減できるスズキ商店にしてみないか」という意見が出たとします。

「馴染みのお店がよい」人たちと、「コスト重視」の人たちのいい分は、太陽と月くらいの隔たりがあるでしょう。

張り合うのではなく、重視すべきは何なのかについて整理してみると、ベストな結論へと繋がりやすいはずです。

皆さんでしたら、どのように着地点へ落とし込みますか？

色々なアイディアがあると思いますが、私でしたら、一度、吉田商店に価格交渉ができるかを確認してみます。

コストを少しでも下げたいという意思を吉田商店へ伝えて、相手が譲歩できる条件を明確にしたうえで、改めて地元の人たちと話し合いをしてみるのはいかがでしょう。

私自身、プライベートではマンションの理事会や子供たちの学校のＰＴＡ活動関連で、意見交換をするときには気をつけています。

仕事以外の場面では、特に価値観のばらつきが激しいということを念頭に置いて会話に参加することが求められます。

個人的には、地域や学校の決めごとに関しては、多少合理性に欠けることがあったとしても、実質的な損害がないのであれば、人の意見にゆだねてもよいのではと、おおらかに構えています。

熱く議論を交わすことには意味がありますが、相手と張り合っているかのような荒っぽく攻撃的な言動では、先ほどの事例のように、地域の祭りが盛り上がるわけがありません。

お互いに張り合っても百害あって一利なし。ベストな着地点のために余計なことは話さず、不要な争いごとは避け、心の余裕を常に持ち合わせていたいですよね。

軽い謝罪なら、しないほうがよい

東日本大震災の被災地から関東の学校へ転校してきた男子小学生が、新しい学校の担任教諭に「〇〇菌」というあだ名で呼ばれていたというニュースがありました。

担任教諭は、「人気アニメのキャラクターの〇〇菌にちなんだ、親しみを込めた呼び方だった」と述べていたそうです。

以前から男子小学生は担任教諭に、友達からいじめを受けていたことを相談していたということです。

それにもかかわらず、なんと軽率で稚拙なことをして子供を傷つけてしまったのかと思うと、憤りを超えて悲しい気持ちにすらなります。

そんな中、当該小学校側の記者会見で、教育委員会の男性が経緯を説明しましたが、担任教諭が人気アニメのキャラクターからあだ名をつけたことを話しているときに、明らかに微笑していたのです。

その状況で笑顔だと判断されるような表情や話し方をすることに、誰もが違和感を覚えたはずです。

私たちは、極度に緊張していたり、またその緊張を隠そうとすればするほど表情が緩んだりして、鼻で笑うような話し方になってしまうことがあります。

けれども、自身の立場と状況を考えれば、そこは事前に意識し、頭の中を整理したうえで鏡に向かって練習し準備しておくことで、周囲に不安や不満を感じさせてしまうような事態は回避できるはずです。

（あなたに悪意などないにしても）軽いと思われても仕方がないような説明や謝罪は、余計に誰かを傷つけ、激怒させることになります。

そのような説明や謝罪であれば、しないほうがよいくらいです。

謝罪以外にも、軽いお礼も相手にとても失礼な印象を与えてしまいます。以前トーク番組で、MCのタレントにゲストがお土産を渡すシーンを見ていたときのことです。

MCのタレントは、お土産の箱を開けてからも、目の前のゲストやお土産に全く関係のない話題を止めようとはせず、結局、お土産の中身への反応は、小さく低い声でいった「うわー」という一言だけでした。

こんなときには、箱のラッピングに手をつけてから、「相手を喜ばせるモード」に切り替えて言葉や態度で表現するのがマナーであると考えます。

例えば、「なんだろう？」「素敵なラッピングで崩してしまうのがもったいないですが、開けさせていただきますね！」などと期待感や感謝の気持ちを伝えながら、相手とドキドキする瞬間を共有してこそ、ギフトが単に「モノ」ではなく、記憶に刻まれる「贈り物」へと変わっていくのです。

箱を開けた瞬間の「うわー」という声は、ドレミでいうと「ラ」の音域くらい高い声か、または「ド」の低い声でも、「うわー」の語尾を、普段よりも1・5秒ほど長くし、続けて、「こんなに素敵なプレゼントをありがとうございます！」と強めの発声でいうと、感動と喜びがより伝わります。

また、重々しい謝罪ではなく、ごく身近な状況の中にも、「ごめんなさい」と伝える場面があります。

例えば、見知らぬ人と混み合うデパートの中で肩がぶつかったときなどです。「あっ、ごめんなさい！」とはっきりとした声で謝れる人は、日頃から声に出して思いを伝えることに慣れていて律儀な人なのかなと勝手に想像してしまいます。

しかし、人とぶつかっても謝るどころか、睨《にら》んでくるような人は、短気で荒々しい人と感じてしまい、近寄りがたさを感じます。

そういう人というのは、友人としても仕事のパートナーとしても、残念ながら一緒にいたいとは思えないタイプです。

一瞬の反応にこそ、その人の本来の姿が凝縮されているので、私自身、気をつけていきたいと痛感しています。

ある日、我が子たちと公園で遊んでいたときのことです。

私の子供に手を上げてしまったというお子さんがいました。その直後、私たちとは初対面だった、手を上げてしまった子供の母親が丁寧に謝りに来てくれたことがありました。

勢い余って手を上げるようなことは、子供同士でよくありますし、幸いケガをするようなレベルではなかったので、大げさに騒ぐようなことではありません。

しかし、その母親の真摯な姿勢に心を打たれました。

同じような状況でも、ある子供の母親は、私が泣いている娘に理由を聞いていると、ケラケラと笑いながらやってきて、こういいました。

「うちの子が、ほっぺにパンチしちゃったみたいなのー！　でも、大したことはないみたい。うちの子、テンションが高くて！」

そして、いつの間にか去っていきました。

こういうとき、いかなる理由があったとしても、手を上げた側が「大したことではない」と発言するのは、相手の感情を逆なでしかねないので注意が必要です。

そういった大人の姿を見て子供は影響を受けて育ちますから、私自身、人のふりを見て我が身についても考えさせられます。

謝罪にも、お礼にも、その人の強さと正直さ、そして、謙虚さが表れます。

謝罪もお礼も、すると決めたら、その都度、最大限に気持ちを込められる大人でありたいと思っています。

スピーチやプレゼンだけではなく、お礼や謝罪だって、鏡の前で練習する価値は大いにあるのです。

「相手を褒める」は上から目線

会話というと、「相手を褒めなければ」というふうに反射的に思う人がいるかもしれません。

私は以前から、大人同士で使う「褒める」という言葉自体に、何か引っかかるものを感じていました。「相手を褒める」というと、少し上から目線の印象があるためです。

ですから、私自身は、仕事やプライベートで、大人同士で「褒める」という視点を持って会話するよりも、「相手に感謝していること」「尊敬できるところ」「この人すごい！ と思うところ」を伝えることを心がけて会話をするようにしています。

目の前の相手を「褒めてあげなくては」と思うこと自体に、誰もが多少のストレスを感じているはずです。

また、相手からすれば、頼んでいるわけでもないのに、軽い褒め言葉をもらって、「褒めてあげている」という態度を見せつけられれば、それこそ大きなストレスとなりうるはずです。

以前、通信機器販売の営業スタッフ向けに、私が接客研修をしたときのことです。

30人前後の20～30代の受講者に、「お客様とのやり取りの中で、気をつけていることはなんですか？」という質問をしました。

すると、「お客様を褒める」と答えた人が半数以上いました。

そこで間髪をいれずに、「それでは早速ですが、隣の人がお客様だとして、その場でお互いに褒めてみてください。私から見て左側に着席している人は店員役、右側に着席している人がお客様役でスタートしましょう。それでは、3・2・1どうぞ！」と、受講者全員にお願いしました。

すると、一斉に会場からは、「ヘアスタイルが素敵ですね」「笑顔が素敵ですね」などという声が聞こえてきました。

ちょっと待ってください！

もし実際に、入店されたお客様に対して唐突に、そのような褒め言葉を投げかけたら、なんだか不自然ではありませんか？

もちろん、人から褒めてもらうこと自体は嬉しいことかもしれませんが、初対面なのに、会った瞬間にまるで自動音声が流れてくるかのように褒められると、「何か魂胆があるのでは」などと素直に喜べない人も多いはずです。

このように相手に「裏がある」と少しでも思わせてしまうようでは、相手を喜ばせたい一心で発する言葉も虚しく聞こえるでしょう。

「とにかく、こちらが褒めれば、相手は必ず喜ぶ」という思い込みが実は失礼であり、無意味なことなのです。

軽い褒め言葉は、発言している人の自己満足にすぎません。ですから、私がおすすめしたいのは、「相手に感謝していること」「尊敬できるところ」「この人すごい！　と思うところ」を発見しようとする考え方です。

ところで、「お客様だと思って、お互いに褒めてください」という先ほどの私の指示に対して、無言だった受講者もいました。

無言になってしまうのも仕方がありません。なぜならば、相手を褒めてくださいと急にいわれても、褒めるところが見つからない場合があるからです。そして、研修の話には続きがあります。私は、指示を変えてみました。「お客様に感謝していることを真剣に伝えてみてください」と。

すると、「本日は、雨の中ご来店いただきまして、誠にありがとうございます！」「いつも私どもの携帯電話をご利用くださり、ありがとうございます！」などと、ほぼ100％の受講者が、相手に対して発言できていたのです。

あなたも「相手を褒めるべき」という固定観念を、いったん脇に置いてみませんか？

この考え方は、仕事だけではなく、プライベートでも同じことがいえます。

例えば、あなたにお子さんがいらして、子供の学校の連絡をママ友が教えてくれたとしましょう。そのときに「ありがとう！　あなたって、いつもおしゃれで素敵なママですよね！」という褒め言葉をいうべきでしょうか？

ここは、「ありがとう！　本当に助かりました。いつも田中さんのお気遣いには感謝しています」と伝えるほうが真実味があり、気持ちも伝わります。

また、「褒められたい」という考え方も会話には必要ありません。

誰かに褒められようとすれば、会話において常に受け身になりがちです。褒められようとして、いらぬ自慢話をしてしまったり、少しでも自分を大きく立派に見せようとしたり、相手よりも自分が話しすぎて相手への関心がないことがあからさまになってしまいます。

あなたは、もっとストレスなく相手に前向きな言葉をかけるセンスを発揮できると私は信じています。

「吉田さんて、いつも挨拶がさわやか！」「田中さーん、いつもお忙しいのに、今日はお時間を作ってくれてありがとうございます！」「岡田さんの声って声量があって素敵ですよね！」「いつも声をかけてくれて、気にかけてくださりありがとうございます！」「いつお会いしても、背筋がピンとされている姿勢を見習いたいです！」など。

あなた自身の言葉のセンスをより発揮するために、今日からはもっと相手に対して、「ありがとう」「あなたのここがすごい！」と思えることを具体的に探して、声に出す習慣をスタートさせてみましょう。

「褒める」というよりも、「尊敬と関心」の気持ちと視点があれば、あなたの言葉は深みを増し、相手の記憶にとどまる力を発揮することができるのです。

「好かれる人」より「少し緊張させる人」を目指す

「お客様に、私のことを好きになってもらえるように仕事を頑張ります！」

以前、私が非常勤講師として勤務していた女子大学での講義内で行った就職面接のトレーニング中に、ある学生がいった言葉です。

彼女は、お客様から好かれることが、その仕事における目標であり、成果だと思っていたようです。

それでは、相手から「好かれる」ことは、仕事において、あるいはあらゆる人付き合いにおいて最も重要で必要なことなのでしょうか？

もちろん、相手に不快な思いをさせて嫌われるような極端な言動や、そういった印象を与えることを避ける工夫や気配りは、社会生活において必要であることはいうまでもありません。

例えば、いつもストレスフリーに人と付き合いたいとか、相手から信頼されて収益を着実に伸ばしたいとか、キーマンや周囲の大切な人たちから必要と思われ、重要なポストに選ばれたいなどと真剣に願っているとしましょう。

その場合、「好かれる」ことよりも大きな、意味のある考え方があります。

それは、「好かれる人」よりも、あなたが相手にとって絶対的に必要だと思わせるほどの、「少し緊張させる人」を目指していくという考え方です。

「緊張させる人」といっても、いつも不機嫌な表情で、上から目線の態度と威圧的な言動で他人と接する人という意味ではありません。「緊張＝刺激」だと考えてみてください。

人に刺激を与えて、目標を達成させることができる「少し緊張させる人」は、「好かれる人」よりも、強い信頼感とチャンスを引き寄せる力を持っています。

「少し緊張させる人」は、次のような条件を満たしています。

〈少し緊張させる人の特徴〉

①「心が強い」と思わせる人……大雨や雪の日でも、体調が多少すぐれないときでも、「やる」と決めたことには不満を言わず、約束事に対して、冷静に迅速に対応する人。

そんなぶれないタイプの人と一緒にいると、相手に見合うよう、自分もちゃんとしないといけないと緊張感を覚えます。

②ミスをしたあなたにチャンスを与えてくれる人……遅刻や、資料提出の期限遅れなどのミスがあっても、「次はキメましょう」と、再び信用しようとしてくれる人。

取り返しがつかないことをしても再びチャンスをくれたことへの恩義を感じ、二度と期待を裏切りたくないという緊張感が集中力にも変わり、求められることへのよい結果を生み出せるはずです。

③トラブルに動じない人……「起こってしまったことは起こってしまったこと」として、常に先を見て行動できる人。

小さなトラブルのたびに、「最悪だ」「困った」「もうできない」「無理だ」と、あたふたする人と一緒にいると、イライラしたり、不安になります。小さなトラブルが起きてもムダな発言はせず、解決に向かって落ち着いてふるまう人を見ていると、「自分も堂々と対応しなくては」という刺激を受けます。

④「転職する予定です」ではなく「転職しました」といえる人……確実に何らかの結果が出てから報告する人は、常に情報と言葉の重みを慎重に考える姿勢がある人。

仕事でもプライベートでも、「○○する予定です」「○○したいと思っています」といった先々の予定の報告が多い人たちがいますが、実行する心構えが軽く見えてしまいます。

このようにあれやこれや「やるやる」「するする」といって、何も結果がついてこない人の話は、聞いても得るものがありません。

話している本人も、「私にはプランがある」と宣言するだけで満足してしまうこともあります。

「やるやる」「するする」と頻繁に軽々しく口にする人とは距離を置きましょう。

あなた自身が結果を重視して言葉を選べる人であれば、周囲にもそういう人たちが集まることとなり、よい影響を与え合うことができるでしょう。

⑤「次のステップは？」といえる人……行動を起こせる人は、物事を先延ばしにしないで完結させる習慣がある人。

会議中、「なかなか難しいですね」「全然、決まらない」「とりあえず様子を見ましょう」「いったん、持ち帰りましょう」といった発言が多い人は、物事を制限時間内に決断する思考回路や行動力があるとはいえません。

逆に、「次のステップをこの場で決めてしまいましょう」「今日は2つのアイディアを出すところまではやりましょう」などといって、時間や結果に厳しくこだわる人のほうが信用できます。

「この人と一緒に仕事がしたい」「この人から学びたい」と思わせる人からは、背筋がピンとするような刺激を受けるとともに、その人への尊敬の念が生まれます。

⑥「あなたと食事がしたい」と一対一で誘える人……会いたい人、一緒に過ごしたい人を見つけて、自分からアプローチできる人。自分に必要な縁を見極める高いセンスと行動力のある人。

いつも大人数で行動をする人より、一対一で相手と話ができる場面を作れる人のほうが、人付き合いで質を重んじる傾向があります。

「みんないるけど、一緒に来る？」と誘うことが多い人や、そういったお誘いばかりを受ける人は、相手を緊張させるような人たちとの時間を意図的に作ってみましょう。

日常的に、一緒にいても全く緊張感のない人とばかり過ごしているとしたら、自分を客観的にふり返る感覚が錆《さ》びつくこともあります。

さあ早速、「少し緊張する人リスト」を作って会う約束を取りつけましょう。

⑦多くを手にしても「まだまだ学ぶことばかりです」といえる人……謙虚であるというよりは、謙虚にふるまうことができる人。

各業界でトップクラスの人たちと仕事をしている人は、当然のことながら自分に自信があります。それと同時に、「自分以上にすごい人」たちと関わることも多く、上には上がいるという客観的事実を認めざるを得ない環境にいます。

能力や教養、人望や影響力（有名であるということではありません）があって、世の中の広さも自身の小ささも知っている人は、誰に対しても謙虚にふるまうことができるように見えます。

①〜⑦でご紹介したような人と一緒にいると、「自分はまだまだだ」と、自らを奮い立たせるほどの電流が体に走る感覚があるのです。

「少し緊張させる人」は、同時に和みを感じさせる大らかさもある人です。

自分が好かれることよりも、相手が満足することや、着実に結果を出すことを優先することができれば、人から「好かれる」よりもはるかに大きな「必要とされる人」としてのメリットをもたらす、特別な存在になれるのです。

さあ、今のあなたは「好かれる人」、それとも「少し緊張させる人」のどちらを目指したいと思いますか？

人から好かれるためだけのふるまいや会話は、本当にあなた自身のよさを相手に伝えてくれているのでしょうか。

あなたが持つ大切な信念や丁寧な習慣は、人の心を動かします。

例えば、同僚にお礼を伝えるときにふせんに書くメモに、「本当にいつもありがとう！」という言葉を欠かさないとか、遅刻してしまって落ち込んでいる人に対して、「大丈夫ですよ。さあ、早く中へ入りましょう！」とにこやかに伝えて相手を安心させてあげるとか、カフェやレストランでオーダーするときには、相手ではなくてあなた自身が積極的にこなすとか、LINEなどのSNSのメッセージは自分の返信が最後になるよう相手のメッセージを受け止めるなど……。

こういった小さな気配りの集合体こそが、それぞれの人のよさの軸となっているのではないでしょうか。

地味に思えることをこつこつと積み重ねることで、あなたの印象は、「この人はすごい」と着実に変化していきます。

そういえば、私は小学生のころからクラスの中でおとなしく過ごしている友人たちにこそ、「自信」を感じていました。

自分の世界を持っていて、誰とも群れようとせず、休み時間に一人で過ごしても顔色一つ変えずに堂々としていられる……。

大人の世界にも、子供の世界にも、いつも輝き、たくさんの友人に囲まれ、発言力があるような人がいますが、そういう人だけがリーダーだったり、好かれたり、信用されたりするわけではありません。

「この人は自分を持っている」と思わせる、たった一つの大切なことを徹底している人が「少し緊張させる人」なのでしょう。

私自身は「少し緊張させる人」の領域にはまだまだ到達していませんが、少なくとも誰からも好かれようとして、自分らしくない言動をしたり、気が焦るというようなことはなくなってきた気がします。

ですから、私自身が「少し緊張させる人」の特徴を意識し続けて、人への接し方を日々、実践中です。

読者の中に私のような方がいらっしゃれば、私は私のペースで、あなたはあなたのペースで、お互いに「少し緊張させる人」を目指してみませんか。

賢い人は「雑談」ではなく「少し先の話」をする

ほぼ毎日、私は自分で車を運転し移動をしています。

そんな私が立ち寄る近所のガソリンスタンドには、真夏でも真冬でも、いつも表情豊かで大きな声で挨拶をしてくれて、テキパキと仕事をこなす男性の店員がいます。「もうすぐ夏休みで遠出されるでしょうから、今のうちにエンジンオイルもチェックしましょうか?」「あれから、冷却水の調子は大丈夫ですか?」「今日は、お子さんもご一緒ですね! 見るたびに大きくなっていますね! もしお時間があれば洗車されますか?」など、フレンドリーな態度で積極的に話しかけてくれます。

タイヤの空気圧が減っていることにいち早く気づいてくれて、ガソリン補給だけでなくメンテナンスが必要なことにも気づかせてくれた頼もしい存在でもあります。

もちろん、商売として当然なのかもしれませんが、たとえ有料のサービスであっても、彼の提案には押しつけがましい印象は持ちません。

このように、相手が何らかの「この道のプロフェッショナル」だと感じるときは、きまって「少し先のこと」を提案してくれるように思います。

プロではない人というのは、与えられた仕事と、相手からいわれたことにしか対応してくれません。

そして、「少し先のこと」といえば、もう一つ、私のクライアントのご両親のエピソードがあります。ご両親が残された、海も山も見える絶景の邸宅を売りたいと考えたクライアントが、不動産業者に相談したときのことです。

その邸宅は、前を遮《さえぎ》るものがなく、見渡す限り海と空という贅沢な自然の景色が楽しめる立地にあります。相談した不動産会社の営業の男性は、その邸宅の写真を撮影し、ウェブサイトに掲載したいと提案しました。

そこで、撮影当日を迎えたのですが、仕上がったリビングの写真には、営業の男性の鞄《かばん》が写っていたり、ソファーの上にばらばらに置かれたクッションを直さず、雑多なまま撮影されていたり、本来の高級感が損なわれるような写真の数々に、クライアントは困惑してしまったそうです。

このときも、すでに「少し先のこと」を考える余地はたくさんありました。

例えば、「ウェブサイトをご覧になったお客様に、室内の雰囲気が価格に見合うと納得していただけるような工夫をして撮影しよう」という考えの下での撮影でしたら問題なかったはずです。

結局、そのクライアントは再度不動産会社に撮影をお願いしました。

そのときの営業の男性とのメールのやり取りを聞いて、まさに「少し先」という感覚がない人とはこういう人であると痛感しました。

そのメールのやり取りでは、まずクライアントが「11月1日16時にお願いします」と送ると、すぐさま承諾の返信がきました。

ところが、クライアントは、はっとしました。「11月の16時だともう夕暮れ時になるから、明るい景色の写真が撮れないかもしれない」と。そこで、その前の週の土曜日15時を再提案しました。すると、営業の男性から「その日時で大丈夫です」と返信がきました。

しかし再び、クライアントは、はっとしました。「そういえば、週末の天気予報では雨の可能性が80%だから、景色の写真が撮れないかもしれない」と。

クライアントは、自身でも、「時間帯も、天気のことも、最初から私が気づけばよかった」と話していました。

けれども、その営業の男性は営業所のリーダーで経験値もある方だったそうで、「少し先」にまで想像が及んでいれば、プロとして時間や天気を気にかけ、1回のメールでベストな日時を調整できていたのではと私は感じました。

もともと、その営業の男性とは会話も弾まず、「私たちに売らせてください！」といった気迫を一切感じられなかったそうです。

しかし、ほんの少し視点を変えるだけで（とても身近な気づきで十分です）、きっとその営業の男性は、ご自身がよりお客様に「気が利いている」と思われるプロフェッショナルな対応をすることもできたはずです。

営業所のリーダーになれるほどの方ですから、営業成績だけでなく人材育成においても実績をお持ちなのでしょう。

だからこそ、私はこのエピソードを聞いて、余計なお世話なのですが、彼がよりキャリアアップができるチャンスを自ら閉ざしているのではないかと、もったいなく感じてしまったのです。

仮に、キャリアアップには興味がなく現状維持で構わないとしても、このように気が利かない仕事ぶりでは、他の社員にもよい影響を与えないので、営業所自体が継続していけるのかと心配してしまいます。

「少し先のこと」をイメージして相手に提案するには、サスペンス映画を見たり恋愛小説を読んでいるときと同じ感覚でとらえればよいのです。

「夫の遺産を相続したいと考える後妻のA子がワインを注いだら、そのワインには毒が入っているかもしれない！」「現場にハンカチを落としてしまったら犯人にされちゃうよ！」「どちらの男の人を選ぶのだろう。もしAを選んだとしたら、海外転勤になって話の展開が大分変わっていくはず」などです。

そうです！　実は「少し先の話」とは、私たちの身近にあって、非常に簡単な発想なのです。

その先の未来を予測するということは、一つの仕事を完結させるためにとても重要です。

カップラーメンを作るときに、カップの内側の線を基準に、お湯を少なめにして濃い味にしたり、あるいは多めに注いで薄味にするときがあります。

このとき、あなたは確実に「少し先」をイメージできています。

それを、仕事の会話でも生かしていくことができれば、よりプロフェッショナルな人と思われるのです。

そんなふうに少し先をイメージして賢いと思われるだけで、目の前のお客様から、より信頼されて仕事が回りやすくなりますし、自信がつき、先回りをして物事がスムースに流れるような提案をすることもできます。

このようにして、「少し先の話」ができるご自身をイメージするとワクワクしますよね。

あなたのお客様が、「今日は寒い」といったら、「明日の天気予報は氷点下」「きっと次にお会いするときは春の兆し」と、一歩先の別の視点で目の前の状況を考えます。

そうすれば、「寒いですよね」で会話が終わらず、「明日は氷点下になる予報らしいので、今夜は一枚多く着込んでお休みになられたほうがよいかもしれませんね。田中さん、咳も続いているようですから、暖かくしてお過ごしくださいね」と伝えられます。

そして別れ際には、「きっと次回お目にかかるときには、もう暖かくなっていますね。それまで引き続き、よろしくお願いいたします」などと締めくくることもできます。

逆に、相手と一緒に「なんだか寒いですね」としか反応できない人と比べてみてください。

少し先の話題を見つけて、会話に落とし込めるよう、常に頭の中をフル回転させておきましょう。

次は、あなたが大切な誰かとの会話の中で、「少し先の話」をする番ですよ！

第二章

ムダな会話をせずに相手の心を開く

5分間の意味のない話で3億円損をする

以前、私と同じオフィスビルに入っている別会社の知人が、海外に住む友人夫妻に代わって東京に来たときのための住まいとしてマンションを探していたときのことです。

彼の友人夫妻が目をつけていたマンションが、たまたま私たちのオフィスの近くということもあり、知人が友人夫妻の代理となって不動産会社へコンタクトを取ることになりました。

1社目の営業の男性は、夫妻が望むリノベーションが、目をつけていた物件で可能かどうかとの問いに対し、「私としては大丈夫だと思うのですが……」と曖昧だったそうです。続けて「前例はないと思うので難しいかもしれませんね」などと憶測だけの言葉を繰り返し、すぐに調べようとする姿勢が全くなかったといいます。そこで、別の不動産会社に連絡を取ってみることに。

2社目の担当者の男性は、もともとの知識と情報量も豊富なうえ、「いただいたご質問のほか、私のほうでお客様に必要かと思われる情報も含めてすぐにお調べして、明日午前中には連絡をさせていただきますね」と伝えて電話を切り、約束通りに連絡をくれたそうです。

結局、2社目の不動産会社を通して夫妻は3億円近い物件を購入されたとのことでした。

不動産会社の仲介手数料は、物件価格によりますが、この場合は、3%。先ほどの契約によって、会社側は、およそ900万円を計上できるほか、営業担当者にとっても昇進やボーナスに影響する可能性もあります。

そのうえ、一度物件を購入したお客様が別のお客様を紹介してくれる可能性もあるでしょうから、その輪はさらに広がり、同じような高額不動産物件への感度が高い顧客との出会いのチャンスも増えていくでしょう。

高額商品で、かつ社会的信用も関わる不動産売買契約では、1回1回の問い合わせが、10億円にも100億円にも繋がっていく可能性を秘めているものです。

1社目の担当者の男性は、5分程度の問い合わせ電話の会話によって、3億円もの物件販売のチャンスを失ったことになります。

決して、1社目の男性が特段、失礼な態度であったわけではなかったといいます。ただ要望に対して、「どれだけスピーディーで着実に動くのか」といった姿勢に関しては、2社目とは雲泥の差がありました。

こちらから「調べてください」と伝えないと動けないような人と、こちらの指示がなくてもテキパキと的確な提案ができる人がいたとしたら、後者が選ばれるのは当然の結果です。

よくよく考えてみると、実際に契約できた2社目の営業の男性は、お客様が求めていることに対して、当たり前の対応をしたにすぎません。

けれども、「売る気があるかないか」といった熱意と行動力のレベルが、二人の営業マンの間で違いすぎたのは明らかです。

もちろん、家という高額商品を購入するときは、誰もが慎重になりますから、最初の5分の会話で全てを決断する人は稀でしょう。

ですが、ミスの許されない緊張した心理状態でスタートする会話の中で、「この人に相談したい」「この人なら信用できそうだ」と決断するには、5分という時間は十分な長さです。

あなたが現在、新たな仕事にチャレンジしたいとか、仕事で結果を出したいとか、年収を上げて理想のライフスタイルを送りたいと思って、仕事をしているとしましょう。

そのときに、目の前の一人一人のお客様に対し、「10億円に繋がる人かもしれない」と想像力を働かせつつ、緊張感を持つことが不可欠です。

そういった緊張感が、「もっと相手のためにしてあげられることはないだろうか」と細やかな想像力を引き出すとともに、実行への強いモチベーションになっていくからです。

一見すると、「計算高い」とネガティブな印象を持つ人もいるかもしれません。

私は、計算高いことは決して悪いことではなく、むしろ能力であると考えています。

計算高いからこそ、やるべきことを明確にし、それに沿って行動することができます。そんなあなたの姿を見た相手から「気が利く」「情熱がある人だ」と思ってもらえたら嬉しいはずです！

常に計算高く状況を見ている人たちのほうが、様々な選択肢から問題解決法を探り、お互いがＷｉｎ−Ｗｉｎになる結果へと繋げていくスピードが速いのではないでしょうか。年収を上げることに興味がなく、チャレンジしてみたい仕事がない人にとっても、想像力と行動力を持ち合わせることで、より信頼されたり、会いたいと思う人とのご縁やチャンスが広がるでしょう。

会ったときの感じがそれなりによいとか、無難に話を聞くだけで本質を突くことができない「聞くふり上手」であるなど、会話を無難にこなす人たちは世間に溢れています。

ですから、あなた自身の目標を確実に実現していくには、「会話を無難にこなせるだけの人」というグループから抜け出す必要があります。

計算高さや想像力を活用して、積極的かつ情熱的に相手に対応できる人であれば、相手はあなたから商品を購入したいと考え、最終的にはあなた自身が「選ばれる人」となっていくのです。

さて、先ほどの営業の男性のエピソードの中で、誰にとっても無意味な、「〜だと思います」といった、曖昧な回答ばかりを繰り返す事例を紹介しました。

あなたは、そういう人に大切な相談事をしたいと思いますか？

例えば、あなたやご家族の保険の話、病気の話など。

私自身は、3億円もの買い物はした経験はありませんが、そのような高額商品でなくても、普段からお金を払うのであれば、「やる気のある人から買い物をしたい」と思っています。

1個98円の納豆と、1個198円のヨーグルトを購入するときでさえ、レジでの仕事ぶりを見て、やる気があって作業が速く、よく声が出ていて親切そうでテキパキと動く店員さんのレジに並ぶこともしばしばです。

よほど長い行列ができていない限りは、「あの店員さんのレジに並ぼう！」と思う人も少なくないはずです。

人と会ったとき、ある程度時間をかければ、相手の実力や意欲を理解できるかもしれません。けれども、どの人も悠長に時間をかけ、相手のよいところを引き出すために労力を使いたいとは思っていないはずです。

先ほどの不動産会社の社員の事例のように、初めて話す相手に対して、「どうせ、すぐには商談は決まらないだろう」などとゆるく構えていては、チャンスを手放すことになってしまいます。

「〜だと思います」「それは恐らく難しいと思います」などというセリフ自体が、未来によい結果を生み出すことができないムダで余計なものなのです。

「ご質問につきましては、すぐに調べて本日17時までには一度、連絡をさせていただきます。ご要望にお応えできるとよいのですが、万が一難しい場合には、別の解決案も探ってみます」などと伝えてもらえると、営業パーソンとして頼もしく感じますし、自分のやるべきことに期日を設定すれば、時間管理もうまくできるのです。

できもしないことをできると思わせて、必要以上に力む必要はありません。

あなたが本気で実現したい目標があることを前提として会話がスタートした場合は、毎秒が本番であり、未来の目標と直結しているという事実を噛《か》みしめましょう。

「ぜひ、私に売らせてください！」と積極的に相手と関わろうとする情熱は、図々しさとは違います。

「図々しいかもしれない」「余裕があるように思われたいからクールにいきたい」「こちらからアピールするのは、はしたない」などというのは過剰な心配です。

仕事では、あなたに「売る気」があることをもっと相手に見せるべきです。

自信を持って「私にお任せください！」と提案ができる人になることで、あなたは今以上に「選ばれる人」になっていくのですから。

「口角と小道具」で相手との距離を縮める

以前、私のブログに、「どうしたら、初対面のお客様とうまく話し始めることができますか？」「仲よくなりたいと思う人と出会ったときの、話すきっかけを知りたい」などというご質問をしてくれた読者がいました。

初対面で相手のことをよく知らない状況では、相手に失礼がないように、あるいは自分が恥をかきたくないという理由からか、きっかけづくりに慎重になりすぎてしまう傾向があるようです。

そこで、話し始める前に簡単にきっかけを作れる、笑顔と小道具を準備することをおすすめします。

まずは、口を軽く閉じて口角を5ミリ〜2センチ上げて、誰もが話しやすそうだと感じるような演出しましょう。

演出というと、表面的に聞こえるかもしれませんね。確かに表面的です（笑）。

これは、実際に鏡の前で、ご自身でチェックしてみてくださいね。

挨拶や会話をするきっかけになり、最も素早く相手に「感じのよさそうな人」だと認識してもらえる簡単な方法なのです。

第一印象を一切気にせず、「話せば自分のよさをわかってもらえる」といった傲慢な態度では、相手がよほど寛大な人でない限り、チャンスに恵まれることはないでしょう。

逆に、話しやすく感じのよい印象があれば、会釈や挨拶ができるチャンスをつかみやすくなります。

目が合ったら、そのままにっこりと微笑みましょう。

相手から無視されることがあったとしても、そんなことは気にしないでください。

あなたが堂々と自信を持っているようにふるまえば、相手があなたに微笑みを返してくれる確率は上がっていきます。

それをきっかけとして、「こんにちは」「お疲れ様です」などという挨拶に繋げていきましょう。

挨拶は、会話の始まりへのチケットです！

チケットを早く手に入れたい人は、今日からいつも以上に、口角を上げて過ごしてみてください。

次に、小道具についてです。男性も女性も、常備したいのはこちらです。

①絆創膏《ばんそうこう》（財布やカードケースに1～2枚入れておく）
②ポケットティッシュ

③個包装のキャンディーやチョコレート

例えば、結婚式や同窓会などのパーティーでは、女性の場合、履き慣れない靴で靴擦れを起こしている人もいますし、久しぶりのパーティードレスで、ゆらゆらと揺れる素材の袖口を食事中に汚してしまうといったトラブルもあります。

そこで、「これを使ってください！」とタイミングよく相手に絆創膏やティッシュを差し出せれば、それがきっかけで会話をスタートさせることができるのです。

また、普段から、バッグの中に個包装のキャンディーやチョコレートなどを入れておくこともおすすめです。

気難しいと思っていた先輩との仕事帰りに、さりげなく「お一ついかがですか？」と差し出してみれば、「ありがとう」と受け取ってもらえて、ほっと安らぐ瞬間を作ることも可能です。

赤いセロハン紙に包まれたレトロな『ライオネスコーヒーキャンディー』で「懐かしい！」と盛り上がることもあるでしょうし、また、女性が『男梅』（ノーベル製菓）を持っていたり、男性が「コラーゲン配合」と書かれたキャンディーを持っていたりすると、美意識が高いと感心されたり、あるいはギャップで笑いを誘えるかもしれません。

その他、メモ帳やふせん、セロハンテープや色付きペンなどの文房具を一式持っているだけで、必要そうな人がいるときに、さらりと「もしよろしければ、お使いください」と話しかけることができます。

そして、冬でも扇子をバッグに入れておくことも役立ちます。

例えば、時間に遅れないよう焦って到着した同僚や、室内の暖房が効きすぎて暑そうにしている商談中のお客様に貸すことができるので、相手から喜ばれるでしょう。

また、「使い捨てメガネふき」は、ポケットティッシュのように使えて、メガネやスマートフォンの画面を簡単にきれいにすることができて便利です。さりげなく相手に「もしよろしければどうぞ！」とおすすめしてみたいアイテムです。

そういった、あなたの小さな気配りによって、あなたは相手から「ありがとうございます」とお礼をいわれる機会が増えて、そのポジティブな雰囲気の流れのまま会話を展開することになります。

それは、あなたが相手に提案やお願いごとを聞き入れてもらいやすい状況を手にしたともいえるわけです。

もしも、その場にこれまで紹介したような小道具がなかったとしても、慌てる必要はありません。

終電の時間や、周辺のレストラン探しなど、何かで困っている人や、不安そうな人がいたら、率先してスマートフォンで調べてあげるという方法もあります。

また、あなたが趣味の習い事帰りに、雨が降ってきたことに気づいたとしましょう。もし、あなた以外にも傘を持たずに不安げに空を見上げている人がいたら、「うわー、降ってきちゃいましたね」と、にこやかに話しかけてみましょう。

お互いに傘を持ち合わせていなくても、「どうしましょうか」と相談することから、コミュニケーションをスタートできます。

勉強会や、講演会の休憩中、同じ参加者で、話しかけてみたい人と化粧室で会ったときには、「お疲れ様です！」と、明るく話しかけてみましょう。

相手もきっと「あっ、お疲れ様です」と返してくれるでしょう。

そのあとに、「なんだか会場が熱気で暑くなってきましたよね？」「午前中はあっという間でしたね」などと開催されている会についてのポジティブな発言をすることで、話しやすい印象を相手に与えることができます。

初対面の人と話すときには、相手にとって反応しやすい（答えやすい）声かけというのがベストです。

あまりに力が入りすぎてテンションを高めにすると驚かれることがありますから、友達と話すようなリラックス感があるトーンを意識しましょう。ただし、友達のようにといっても、礼儀は大切です。

これからは会話に困ったとき、大して興味もないのに、唐突に天気や景気の話をして、相手を取り込もうとしなくてもよいのです。

むしろ、その状況において発生していることを、タイミングよく声に出すことのほうが自然です。

以前、公園で転んで泣いている女の子を見かけました。

すると、別の子供の母親が、「消毒液ガーゼと絆創膏があるので使ってください！　うちの子供もよく転ぶので、いつも持ち歩いているんです」と、泣いていた女の子の母親に素早く駆け寄って話しかけている光景を目にしたことがありました。

携帯用で、１回使いきりタイプの未開封の消毒液ガーゼと絆創膏を見て、「本当にありがとうございます！」と嬉しそうにお礼をしていた女性の表情が印象的で、その後、出会ったばかりの二人の母親たちは、子育て談議に花が咲いていたようでした。

こうして「もしものとき」に備え、バッグの中に、ちょっとしたアイテムを入れておくだけで、簡単に人の役に立てて、会話のきっかけを生み出すことができるのです。

いずれも、あなた自身が気づいて行動することになりますから、「自分にできることはないかしら」というアンテナを張っておけば、必要なときに体が素早く反応できるようになるでしょう。

話しかけてみたい、仲よくなりたいと思う人がいたら、「今日は寒い」「眠い」「疲れた」などという不平不満や、当たりさわりのない時事ネタを浅く軽く話し続けるといった「雑談」は不要です。

それよりも私たちに必要なのは、相手の役に立てることを考え抜く習慣なのです。

例えば、相手の着ているジャケットのボタンが取れかけていないか、靴紐がほどけていないか、強風で飛ばされた葉っぱが相手の髪についていないか、帽子がとてもお似合いだとか、時計がかっこいいだとか、外見も欠かさず観察してみます。

このときに、相手から「くまなくチェックされている」などと思われないよう、草食動物のように一瞬で広い視野を見渡すイメージがおすすめです。

会話のきっかけや話題は、自分の中だけで探すものではありません。

いつでも、相手を通して見つけるものなのです。

さあ、感じのよい優しい表情を作り、咄嗟《とっさ》の場面で活躍しそうな3つの小道具をバッグの中に準備して出かけてみましょう。

「何か役に立てることはないかしら」と考えながら口角を上げてみたら、あなたにめぐってくる今後の出会いがどう変わるのか、これからが楽しみになりますね。

一歩踏み込んだ質問をしない人がダメな理由

ここ数年だけを見ても、日本国内では地震、水害、噴火などの天災による被害が続いています。

私は、そういった甚大な災害の話題になったときには、相手の方に、「ご家族やお知り合いの方は大丈夫ですか？」と聞くようにしています。

もしかしたら、とても悲しい経験をされている人がいるかもしれないからです。

「実は、親戚が避難生活をしています」などという話を聞いたとすれば、「そうだったのですね。それは大変ですね。体調が心配ですが、今は少し落ち着かれましたか？」などと声をかけるでしょう。

中には、そういった話をしたくない人もいるはずです。

特に、生死を分けるような出来事が身近で起きた人であれば、なおさらです。

人には、誰しも触れられたくない話題があります。それを、あえて掘り返す必要はありません。それでも、私は仕事で重要と思える人や、プライベートで仲よくなりたいと思える相手には、一歩踏み込んだ質問をするようにしています。

それは、その相手に、一歩でも近づきたいと感じるからです。そのように思えない相手には、聞く必要はないと思っています。

もしも相手の状況を知らないまま、災害について「怖いですよね〜」「起こるとはいわれていましたけどね……」などという軽い雰囲気で話をしている人が近くにいたら、実際に被害にあわれた人は、どれだけ悲しい気持ちになるでしょうか。

もちろん、相手が気分を害してしまう可能性のある全ての話題を、相手から聞き取り、把握することはできません。

けれども、一歩踏み込み、「もしかしたら」という視点を持った態勢で会話をすることで、どの範囲までの質問が許されるのかを、最初の会話で汲み取ることができるというメリットもあります。

実は、私にも触れられたくない話題がありました。

それは、数年前に病気で実母を亡くしたときのことです。

死期がわかってからの2カ月間と死後半年間は、何をしていても思い出しては涙が溢れてしまい、人前で泣くことを避けるのに必死でした。

たまたま母の入院中に病室にいたときに、取引先から電話がかかってきていたのですが、なかなか出ることができず、ようやく電話に出られたときに、「何度も申し訳ありません。母が危篤ですぐに電話に出ることができなくて……」と話すと、相手の方はそのことをスルーしたまま、「〇〇の件ですが……」と、普段と同じように話し始めました。

私は母のことを軽く受け止められたのだと感じて、内心はショックでした（おそらく悪意などないことは十分わかっているのですが）。

今は会社を退社されて、現在の行方はわからない方だからいえることなのですが、あのとき私に対して一言くらい声をかけてくれてもよかったのではないかと、蒸し返してしまうことがあります（私自身の勝手な思い込みもあるでしょうが……）。

当時、母のことでまだ私の感情の波が荒々しかったころ、「まだお若かったでしょうに、本当に残念でしたね。よく珠央さんから、お母様がお孫さんをかわいがっているお話を伺っていたので信じられません」などと思い出に寄り添うような反応をしてくれた人もいて、とても温かい心地にさせてもらえてありがたかったです。

「この話題には触れてはいけない」「そんなことをいわれてもどうすればいいのかわからない」と難しく考えず、「それはお辛いですね」「そんな悲しいことがあったなんて、言葉がありません」という一言さえあれば、それだけで誰かを失いかけているときや、失ったときには、だいぶ救われるのです。

逆に、相手の状況をスルーしたり、無言になったり、唐突に別の話題にシフトすると、相手との間に大きな溝ができてしまうようなこともあるかもしれません。

また、誰かを亡くしてから間もないというのに「落ち着きましたか？」「運命ですものね」「大往生でしたね」などというのはとても失礼なことだということを、私自身が身をもって実感できました。

実は母の余命がわかってから、仕事上の関係の人には、そのことを話すことは全くありませんでした。周囲に余計な気を遣わせてしまうのを避けるためもあり、話そうとも思いませんでした。私と同世代の人たちにも、いつかは訪れる親の死は悲しいことですが、避けては通れないことなのです。だからこそ、私のように誰かの心ない言動で傷つく人が出ないように、このような会話になったときは、あなたの一言で誰かの心を癒やしてあげていただきたいと願っています。

ふり返ってみると、私自身、自分の母が亡くなる前までは、友人から喪中のはがきが届いても、声の一つもかけなかったこともあり反省しています。

これからは、メールでも、会ったときにでも、一言を伝えられる大人でありたいと考えています。

さて、あなたにもし、本当に信頼関係を築きたいと思う相手がいるとしたら、聞きづらいことほど聞いてみないことには、進展がありません。

根掘り葉掘り、相手から話を聞くこととは違いますから、ご安心ください。

けれども、相手の故郷で地震が起きたとか、洪水で土砂崩れが心配だとか、あなたが「もしかしたら」と思うことがある場合は、一言声をかけてあげるのはどうでしょう。

中には、相手に何も聞かないことが気遣いだという考えを持つ人もいます。

けれども、それは、無関心の表れでもあるのではないでしょうか。

以前、仕事の取引先の女性が、膝にサポーターをしていたことがありました。

「内田さん、膝のサポーターは、どうされたのですか？」と私が彼女に聞いてみると、「大したことはないのですが、歩くたびに痛みが強くなってしまって、整骨院に通っているのです。吉原さん、聞いてくれてありがとうございます！　周囲の人たちは、気を遣ってなのか、全然聞いてくれないので、私から『痛いんです』と話せるチャンスがあると嬉しくなってしまいます」とニコニコしながら話してくれました。

「気を遣って相手に質問しない」という状況は、昭和の任侠映画にはありました。

例えば、街にやってきた新顔の男性（高倉健さんが演じる役のイメージです）が、地元の居酒屋で静かにお酒を飲んでいると、隣にいた酔っぱらったおせっかいな男性に話しかけられるといった場面です。

すると、店主は「黙って飲め！」などと、そのお客を一喝するのです。

確かに、現実には過去を根掘り葉掘り聞く必要はないですし、居酒屋でのシーンでしたら、それで成立するでしょう。

ただそれが、もしビジネスのシーンで、今後もっと付き合っていきたい相手だとしたら、膝のサポーターや、急に目の下にできたあざを見て見ぬふりをして、「お時間を作ってくださりありがとうございます！　今日はお天気がよくて何よりですね。早速、本題なのですが……」と話すことが本当に「気遣い」なのでしょうか？

「今は時間がないから、会議が終わってから聞いてみよう」というのでしたら別ですが、相手の状態に対して気遣いの一言がないのは、私には無神経で冷徹で、相手に無関心であるようにしか思えません。

「お顔のあざは、大丈夫ですか？」と一言、一歩踏み込んで聞いてみることで、「いやー、実は武術を習っていましてね。昨晩の稽古で、運悪く相手の肘が目の下に入っちゃったんですよ」という流れになるかもしれません。

武術を習っていたことを知らなかったあなたは、その後の会話で、武術というキーワードを生かして、相手との会話に弾みをつけられるかもしれません。

また、顔のあざというと、「暴力」「事件」というネガティブなイメージもあります。

だからこそ、ことの真相を本人から聞き、このまま取引をしていても大丈夫な状況なのかを確認することは、仕事をするうえで必要な人を見抜くことに繋がるマネジメントスキルでもあります。

取り調べのように相手の状況を聞くのではなく、「ご両親もお元気ですか？」など、相手の家族についても積極的に聞くことで、あなたが相手を気にかけていることが伝わります。

あなたから気にかけなければ、何も始まりません！

「聞かないほうが相手のためだ」といった固定観念を取り外し、あなたのほうから「一歩踏み込んだ質問」をしてみましょう。

「それは聞かないでくださいよ」と相手からいわれたら、真摯に謝って、その人への対応リストに「踏み込んだ質問は好まれない」とメモを残せばよいだけです。

ところで、相手やそのご家族が病気だということを知ったときに、「早く元気になるといいですね」「絶対によくなるよ」「心配ないです。大丈夫ですよ」と自信を持っていう方が時々います。

相手を思いやって励ましているお気持ちはわかるのですが、中には完治が難しい病気もありますし、詳しい病状をよく知らない段階で、「よくなるよ」「大丈夫です」などと伝えることは、少し無責任ではないでしょうか。

こういう場合は、「病気がよくなるかどうか」に焦点を絞るよりも、「現在の治療法がお体に合うとよいですね。回復を祈っています」「よい先生と巡り会えたことは何よりですね」「少しでも食事ができると聞いて嬉しいです」「少しずつ入院生活にも慣れていかれますように」などと、病気ではなく、治療法や担当医師、食事や入院生活について多少お尋ねし、それについて触れたほうがいいこともあります。

さあ、大切にしたい相手には、もう一歩踏み込んで話をしてみませんか？

SNSで好き嫌いを発言するな

SNS（ブログ、インスタグラム、フェイスブック、ツイッターなど）を通して、「○○さん（同じ職場や取引先の人、友人グループの誰か）、大好き！」というコメントとともに、頻繁に画像をアップしている人がいます。

人を好きになる気持ちは自由ですが、「好き」と書かれていない、投稿者の他の友達や同僚、取引先の人、お客様が見たらどのように感じるでしょう？

そういったことに無関心だったり、「勝手にどうぞ」と思う人ももちろんいますが、「失礼だ」と思ったり、嫉妬したり、傷つく人もいるかもしれません。

もちろん、SNSにおける発言に明確なルールはありませんが、「誰がどのように反応するか」ということを考えずに投稿していると、周囲への配慮が行き届かない、感情のままに突っ走ってしまう幼い印象を与えてしまいます。

また、あなたが誰かを「好き」「嫌い」と評価することは、はたからは、上から目線でモノをいっているようにも見えています。

もちろん、それも個性ですし、その人なりの相手への好意の表し方であり、魅力となることもあります。

けれども、「好き」を口にするということは、「私の好きなタイプはこういう人」という周囲への一方的なアピールになっているとともに、「それ以外の人たちは『普通』に分類される（＝好きではない）」という意思表示にもなっているのです。

さらには、日頃から好きか嫌いかを口にする人は、精神的にアップダウンが激しく、情緒が不安定だという印象を与えてしまうこともあります。

つまり、「田中さんが好き」を連発する表現方法は、情報が拡散する現代においては、ビジネスでもプライベートでも損をすることだらけなのです。

「好き」という表現で人を評価するよりも、「仕事で結果を出すことを徹底されていて、尊敬できる先輩」「太陽のような笑顔で、いつも幸せ気分を与えてくれる渡辺さん」「大人として真似したい女性のお一人」「刺激的な存在」「内面の魅力的なオーラが外見にも出ている」「芸術的センスがずば抜けている」「気遣いの細やかさがずば抜けている」など、「なぜ好きか」を表現するほうが、あなたが物事を広く見ている人だという印象を与えられます。

ところで、私の職業であるイメージコンサルタントの仕事の一つに、SNSでクライアントが発信する内容へのアドバイスがあります。

企業や組織の代表として、フェイスブックやブログなどでメッセージを発信する際、そのテーマ選びから文章構成、内容、掲載する画像の種類や構図に至るまでのアドバイスをしています。

目的は、クライアントの理想とするビジネスパーソン像と個性がポジティブに伝わっているかを精査することです。

今や仕事としてSNSを使用している人は（プライベートのアカウントであっても、仕事で関わる人たちも見られるものであれば同じ意味）、人柄を伝えながらも、常に集客や組織の信用度アップに繋げる効果的な表現ツールとして活用しているのが一般的です。

そのため、私は日頃からクライアント以外の様々な方のフェイスブックやブログも同時にチェックし、情報収集を行っています。

すると、世の中では、とても多くの人たちが「好き」という言葉を使って誰かを紹介していることに改めて気づかされます。

先日は、フリーランスで「売れるECサイトを作るコンサルタント」という肩書を持つ女性が「私の大好きな経営者の真弓さんです！」と、女性経営者の方を画像と文章で紹介していました。

また、「私の大好きな我が社の可愛い秘書、ユカちゃんです」などという文章とともに、特定の人をSNSで紹介している女性経営者もいました。

しつこいようですが、こうした表現法には注意が必要です。

他にお世話になっている経営者の方がいらっしゃらないことや、社内で秘書の方と同じようにご本人をサポートしている縁の下の力持ちである他の社員の方がSNSをご覧にならないことを祈るばかりです。

確実にいえることは、次にSNSに登場するかもしれない投稿者のお知り合いにも「好き」と表現しないと、その人は投稿者から見て、「好きな人以外」に属していることになる、ということです。

知らないうちに誰かを傷つけ、不満を感じさせているかもしれないという想像力があれば、余計な表現は避けられます。

一度、「好き」という言葉を使うと、それ以降、会う人会う人に「好き」を使い続けなくてはいけなくなります。

すると、言葉の意味が軽くなると同時に、「好きな人としか付き合えない人」というふうに思われてしまうこともあります。

仮に、日本の総理大臣が「私は今の外務大臣が好きだ」と発言したら、あなたはどのように感じますか？

あるいは、あなたの会社の社長が全社員に向けて、「私は人事部の澤田さんのことをとても気に入っています」とメッセージを送ったら、どのように感じますか？

極端な例かもしれませんが、好き嫌いを簡単に発言するリーダーに、正当な人事評価ができるのか不安になりませんか？

当然、いわれた人は嬉しいと思うでしょうが、周囲から嫉妬の対象になってしまうかもしれず、困惑する人も多いかもしれません。

ですから「好き」という言葉は、人生の中で一度か二度の真剣な恋愛と同じく、胸の中に大事にしまっておき、本当に伝えるべき場面で、直接本人にだけ伝えましょう。

そもそも仕事においては、人を「好き」と「嫌い」だけで分けて表現したり、付き合っていけるものではありません。

自分の意思をはっきりとさせておくことは素晴らしいことですが、多数の人が見る場でわざわざアピールする必要はないはずです。

おすすめの表現法としては、「渡辺さんの落ち着いたトーンの声はなんともいえない響きがある」「尊敬する若手経営者のお一人」「これほどまでに実行力がある人は見たことがないというほど素晴らしいセンスをお持ちの人」「厳しいけれど、思いやりが深い人」「約束を徹底して守る、信頼できる人」「対応力が高く、憧れの先輩」などです。

このように「好き」という言葉以外を使って表現する方法を実践してみるとよいでしょう。

また欧米では、「好き」と表現すると、恋愛感情だと勘違いされてしまうこともあります。

「あなたのその鋭いコメントが好き」「あなたの斬新なアイディアが好き」「あなたの豪快なリアクションが好き」「あなたのファッションの色使いが好き」「あなたのクラシックなヘアスタイルが好き」「サッカーの試合を見るときの田中さんの熱い応援スタイルが好き！」などと、何が魅力なのか一点に絞り込んで伝えていくことで、誤解を生まずに好意をアピールすることができます。

そして、そんなふうにあなたがあなたらしく相手の魅力を伝えられる人であれば、あなた自身が発する言葉は、今まで以上に人を喜ばせたり、人を引きつけられるツールへと変わっていくのです。

ファーストクラスに乗る人は本当に裕福なのか

ニューヨークまでファーストクラスで移動するビジネスパーソンをイメージしてください。

そのビジネスパーソンはどのような職業で、どんなライフスタイルを送っていると想像されますか？

多くの人が、「ファーストクラスの乗客＝大企業の経営者、役員、有名人、富裕層、成功者」などというイメージを持つのではないでしょうか。

例えば、ゴールデンウィークに日本の航空会社のファーストクラスに乗る場合、東京―ニューヨーク間の正規料金は往復約２００万円です。

航空会社やフライトの時期、チケットの種類によっては、金額がそれ以上になることもありますが、いずれにしても新車の国産軽自動車を2台買ってもお釣りがくるほど高額であることは確かです。

このように高額なチケットではありますが、ファーストクラスを利用する全ての乗客が、先ほどの一般的なイメージに当てはまるかどうかはなんともいえません。

中にはふりかけの懸賞でチケットを当てた幸運な人や、何らかの予約トラブルがあってエコノミークラスから特別にアップグレードしてもらえた人、節約に節約を重ねてコツコツと貯めたお金を使いファーストクラスで旅行している人、出張で得たマイレージを使って片道だけアップグレードしている人などもいるかもしれません。

逆に、エコノミークラスに乗っている人の中には、普段はビジネスクラスや、ファーストクラスを利用している人たちもいます。

たまたま急な出張が入り、ファーストクラスだけでなくビジネスクラスも満席で、一席だけ残っていたエコノミークラスしかなかったというケースもあり得ます。

または、子供たちと旅行するときには社会勉強として家族全員がエコノミークラスを利用するけれど、仕事の出張ではビジネスクラスやファーストクラスの常連さんというビジネスパーソンもいます。

出発ロビーの各航空会社のファーストクラスのレーンに並んでいる人たちを見て、「お金持ちはすごいなー」などと本気でいう人がいたら、世の中を見る視野の狭さを感じざるを得ません。

私たちは人と会話をするときに相手を見て、容易に手に入る見た目や肩書の情報だけで相手を判断してしまうことが多くあります。

そのうえ、相手の職業や役職、ライフスタイルを想像して勝手に嫉妬したり、あるいは媚びたり、敵視したりするとすれば、不要なストレスですし、相手にとっても極めて迷惑な話です。

このように、わかりやすい情報だけで、「あの人は裕福だ」「あの人は特別だ」などと口にしてしまう人たちは、人を見る目も言葉選びも軽いと思われてしまい、付き合う相手として信用されにくくなってしまいます。

確かに、お金持ちも、頭がよい人も、世の中には存在します。頭の中で、「どんな人だろう」と勝手に想像することは自由です。ただし、たった一つの情報で安易に相手を決めつけて、それを仕事仲間や友人として真剣に付き合っていきたい人たちの前で軽々しく口にするのは避けたほうが賢明です。

あなたにも経験があるかもしれませんが、そういう話を聞く人は、ニコニコしながらも内心はうんざりしていることが多いのです。

勝手な想像といえば、明るく元気で、自信に満ち溢れて見えても、大病を患っている場合もあります。

また、見た目は華やかで、言動が落ち着いていても、実は自身のギャンブルによる借金だらけで、散々周りに迷惑をかけているという人もいるかもしれません。

人生は色々で、摩訶不思議なものです。

私たちは、誰かと会話をするとき、「私は目の前の情報だけで人を判断するほど視野が狭くない」といった、毅然とした堂々たる態度もまた、アピールすべきなのです。

わかりやすい情報（職業、肩書、乗っている車、そのときに身につけている高級ブランドなど）だけで、人を判断するような無意味な発言は控えて、もっと相手の本質的な魅力を発見し、言葉にできる人を目指したいと常々感じています。

「非常に説明がわかりやすくて勉強になりました」「段取り上手ですね」「質問が的確でかっこ

いいですね」「姿勢や動きがいつもピシッと決まっていますね」などです。

もし、物質的なことで素敵だということを伝えたいときには、「普段からクールな渡辺さんには、ポルシェがよくお似合いですね」など、モノではなく、常に「人」が主体となる表現にできたら素敵です！

妬みはバネになる

「同年代（30代）の同僚と話すときに大きなストレスを感じることがあります」と相談してくれた女性のクライアントがいました。

話を伺ってみると、お客様から高評価を受けているそのクライアントが、ある同僚女性から嫉妬されているという事実がわかりました。

そのクライアントはフレンドリーで、かつ謙虚なタイプの女性です。話し方も自然体で、気配りも素晴らしい方なのです（むしろそんな魅力的な人柄こそが妬まれてしまう理由なのかもしれません）。

クライアントは、その女性とどうしたらうまくコミュニケーションを取ることができるのか悩んでいました。

週5日、毎日顔を合わせるわけですから、あからさまに自分に敵意を持って接してくる人と一緒に過ごす時間というのは、誰にとっても相当なストレスです。

そのうえ自分と年齢が近い、境遇が似ている、キャリアや家族構成に共通点があるなど、相手と自分の社会的立ち位置が近ければ近いほど、自分よりも理想的な社会的ポジションを手にした相手に嫉妬心が生まれやすくなるのではないでしょうか。

多少なりとも相手を妬んでしまうということ自体は、人として自然な感情です。脳科学では、「人の不幸は蜜の味」と、脳が反応するともいわれているようです。

私自身、結婚記念日にご主人から、抱え切れないほどの大きな花束をもらったという満面の笑みの見知らぬ女性のインスタグラムの画像を見たときに、「いいね！」ではなく「いいな！」に変えて、ハートマークを連打したくなりました（笑）。

このような小さな嫉妬を含めて、誰かに嫉妬したり、あるいは自分の知らないところで、あなた自身が誰かから嫉妬されていたりと、誰もが少なからず嫉妬心と隣り合わせで生活をしているのではないでしょうか。

そうした嫉妬心は、「何について羨ましがっているのか？」「自分はどう生きる？」「人は人。私は私ではないか」という問いかけを自分自身にダイレクトにぶつけてくれるわけで、いわば自分が何によって本質的に満たされるのかを発見できるチャンスとして歓迎したいところです。

嫉妬心というのは、私たちがより幸せに生きるためのきっかけとなる感情ですから、逆にいえば、嫉妬を感じる相手に「チャンスをありがとう！」「行動のきっかけを与えてもらえたんだ！」などと思えるほどの軽快さがあってもよいのではないでしょうか。

例えば、嫉妬を感じる相手と話す機会があるときには、天気や噂話などどうでもよい雑談ではなく、相手に聞いてみたいことを礼儀正しく積極的に聞いてみることをおすすめします。

私自身、それをしてよかったと思えたエピソードがあります。

それは、私が２０１６年に化粧品やファッションアイテムのブランドを立ち上げて３カ月ほど経ったときのことです。

今もそうですが、当時から業績を上げ続けている同業の企業が気になって仕方がありませんでした。

そんなとき、約30カ国７００社以上の化粧品ブランドが東京ビッグサイトに集う大きな展示会に、私の会社も出展することになりました。それは一般の人は入場できず、バイヤーのみが交渉目的で参加できる、国内最大の化粧品の展示会でした。

私たちのブースの隣には、前回の開催時には３日間だけで４０００万円の取引をしたという、実績のある化粧品ブランドT社が出展していました。

展示会初日の朝、私がT社のブースへ挨拶に行くと、社長をはじめスタッフの皆さんが笑顔で「こちらこそ、よろしくお願いします。お互い頑張りましょう！」といってくださいました。

その後、3日間で4000万円もの取引を達成されたことへの称賛と、社員の皆さんの接客姿勢が素晴らしいことと、事前に準備していた質問を社長に伝えました。

すると、社長と、役員をされている奥様のお二人が、新参者の私へ惜しみなく貴重なお話を聞かせてくれたのです。

私にとって、役立つ貴重な情報を教えてくれたということはもちろんですが、心理的にモチベーションとなる刺激を与えてもらえた価値の高いお話に、ただただ感謝の言葉しかありませんでした。

それは、私の会社が小さすぎてライバルにすら値しないからということもあるかもしれません。

けれども、理由などどうでもよいのです。

お隣のブースの化粧品ブランドの社長ご夫妻は、展示会出展のコストカット方法や、信頼できてリーズナブルに展示設営してくれる業者さん、営業の極意などを、とてもフレンドリーに、かつ丁寧に教えてくださいました。

結果を出し続ける人たちに対しては、嫉妬心よりも、敬意を持って相手に歩み寄ることのほうが、たくさんの発見と学びがあることを実感しました。

ときには、敬意を持って接しているつもりでも、相手にされないことがあるでしょう。

そんなときには、「それはそれ！」と思って前向きに進んでいくしかありません。相手が苦労して培ってきたことを、そう簡単に何でも教えてもらおうという考えは甘すぎますから、期待しすぎることはご法度です。

ただ、クールなふりをして本当に気になることを聞くのをやせ我慢し、嫉妬を感じる相手と意味のない雑談をするのは時間のムダです。

まずは声に出して、「御社の〇〇（ブランド名やヒット商品名）は30代女性の憧れで大人気ですよね！　社長にお会いできたことを誰かに自慢したいくらいです」「一代で全国に50店舗以上も展開されるなんて、ずば抜けたセンスと実行力がないとできないことです！」「御社の石鹼の香りはまさに名品です。かれこれ5年以上も愛用させていただいています。友人へのプレゼントとしても何度も贈らせてもらったことがあるんですよ」などと相手に伝えてみるのです。

称賛は敬意があることを感じてもらえなければ意味がありませんから、言葉選びに気を遣い、話すトーン（落ち着きのあるスピード感と高すぎないテンション、明るい声のトーンがベスト）を調整します。

どのような人も、ここまで自分に興味を持って、敬意を払って称賛してくれたり、迎え入れる態度で接してくれれば、あなたの素直さや感じのよさに少なからず好意を抱いてくれるはずです。

相手から少しでも好意を抱いてもらったときこそが、聞きたいことを聞かせてもらうチャンスです。

ただしそこには、注意が必要です。それは、一方的に自分の話ばかりしないようにすることです。相手の魅力や、尊敬しているポイントを簡潔にまとめて準備しておくことが求められます。

「この人すごい！」「この人みたいになりたい！」と思ったら即行動です。

私たちがつい抱いてしまう小さな妬みも憧れも、大きくて深い嫉妬心も、全てを会話に生かすことができれば、貴重な情報や行動に繋がる刺激を与えてもらえるのですから。

「それでお腹いっぱいになるの？」には2つの意味がある

相手から失礼だとか、無神経だと受け取られてしまいかねない発言の場面は、意外にも私たちの身近にあります。

例えば、趣味や節約のために手作り弁当を持ってきている人のお弁当箱をのぞき、「それでお腹いっぱいになるの？」といった人がいるとします。

あなたは、どう感じますか？

質素すぎるお弁当だと馬鹿にしたいい方にも聞こえますし、人一倍食欲のある人が「本当にその量で足りるの？　私には全然足りないわ。小食でいいな～」と羨望の眼差しで見ているとも考えられます。

このように、同じ言葉でも全く方向性の違う印象を与えていることがあります。

よく世間では会話をするときに、「人の気持ちを考えるように」といわれます。

しかし私は、イメージコンサルタントとしてクライアントにアドバイスさせてもらう際に、「相手のことよりも、まずは自分が世間や相手からどのように思われているかを具体的に理解することが優先」だと強調して伝えています。

「それでお腹いっぱいになるの？」という言葉を誰がいうかによって、その意味が相手にナイフのように突き刺さることもあれば、誰もが笑い合える和やかなムードになることもあります。

例えば、もし、お弁当を作った相手よりも、あなたのほうが明らかにスリムな体形だとしましょう。

すると、あなたが「それでお腹いっぱいになるの？」というセリフをいった場合に、「あなたは私よりも太っているのに、その量で足りるはずがないでしょう」という、意地悪ないい方と受け取る人もいます。

また、相手よりもあなたのほうが少しでも経済力がある場合に同じ言葉をいえば、「なんだか寂しいお弁当で切ないわね」と見下しているかのようにも聞こえてしまいます。

内容と同様に、周りにも人がいて会話が聞こえる場では、聞き手に恥をかかせない配慮も必要です。

経済的な差については、全く気にせずに人付き合いをする人もいますが、デリケートなことであると心得て、人と接するほうがよいでしょう。

相手との関係性や性格によっては、どのように受け取られても、お互いに気にせず会話が成り立つ場合もありますので、会話をする相手と自分について知っておくことも大事です。

言葉を発する側の人となりやタイミング、状況、そのときの相手の心理状態によって、言葉が与える印象が大きく違うのと同様、よく考えてから使わないと自分が損をすることもあります。

例えば、相手が「既婚者」であるということだけで、全てを手に入れている幸せな人だと思っている場合です。

結婚をしているから幸せだとは限らず、毎晩、夫から言葉の暴力を受けている人、姑問題で精神的に追い込まれている人、パートナーが浮気をしていたり、借金があったり、大黒柱が病気で余命宣告を受けて一人でそれを抱えている人など、人には見えない側面があるかもしれません。

「恋人がいる」「仕事で活躍している」「子供がいる」「大企業で働いている」といった環境だけで人を「幸せだ」「恵まれている」と思うだけならまだしも、「なんであんな人が」などと相手に嫌悪感を覚えることがある場合は、まだまだご自身の内なる想像力を使い切れていない気がします。

相手への想像力を働かせるとともに、自分は人からどんなふうに思われているのだろうと、常に気にかける習慣によって、相手を傷つけてしまう可能性のある言葉や、考えが浅いと思われるような言葉を発するのを避けることができるのです。

私の場合でしたら、肩書が「イメージコンサルタント」というだけで、相手から「上から下までファッションチェックされそう」「話し方を注意されそう」「マナーに細かそう」「礼儀に厳しそう」などと思う人がいるかもしれないと想像しています。

さらには、「代表取締役」という名刺の肩書を見た人は、「人にも仕事にも厳しそう」「威圧的で怖そう」「何を話してよいかわからない」などというイメージを直感的に頭に思い浮かべるかもしれません。

いずれのイメージも、実際には外れています（笑）。

けれども、人々が持つであろう「自分自身のイメージ」を認識していれば、相手と接するときに、具体的にどのような言動に注意すべきかがわかります。

それをわかったうえで実行に移すだけで、不必要に相手を緊張させることも、反感を買ったりすることも避けられる可能性があります。

「相手は何を考えているのだろう?」の前に、「私って、どう思われているのだろう?」という根本的な部分をよく鏡に映し出しましょう。

ちなみに、私はイメージコンサルタントとして仕事をしている相手以外の人に対して、言葉遣いやファッションをチェックしたり、アドバイスをしたりすることは一切ありませんし、たとえアドバイスを求められてすることがあるとしても、怖いいい方などはしません!

また、代表取締役社長という肩書ではありますが、小さな会社で秘書もいませんし、雇う余裕もありませんので、毎日何でも自分で必死にこなしているというのが現実です!

見た目も、顔の彫りが深く性格が強そうに見えるので、相手の方が余計に緊張されないよう、いつも口角を上げて会話をすることを意識して過ごしています。

会話をするときに、相手が緊張していて話せない場面を作り出さないというのが、私が大事にしていることでもあります。

伝えるべきことを伝えるために、自分がどのように思われているかを分析し、相手に合わせて表現の工夫をしていくことは、もはや基本的なマナーの一つなのです。

プライベートなことを聞かないほうが失礼である

仕事で何かを提案したいとき、あるいはプライベートで、より相手との距離を縮めたいと考えて会話をするときは、相手の思いを知ってからのほうが、断然うまくいくと誰もが想像できるでしょう。

しかしながら、「あまり立ち入ったことは聞くべきではない」といった、美徳なのか、勇気がないだけなのか、無関心なのかわかりませんが、私たちの中にはこうした考えが働くこともしばしばです。

例えば、リフォームに興味がある人と話すチャンスがあるのに、家族構成も、リフォームしたい理由も、インテリアの好みや予算も聞かずに、会社側として販売したい商品を一方的にアピールする営業担当者がいたら、お互いにとって時間のムダです。

よく話をせず、勝手に抱く相手の印象だけで、「ブランド品に身を包み、いかにもお金を持っていそうな人だから予算もありそう」などと思っていたら、実はリフォーム費用はかなり抑えたいといった、想像とは異なる事実があるかもしれません。

逆に、質素で、おしゃれな感じは一切ないような服装でも、話をしてみると実は資産家で、現代アートのコレクションが趣味で、インテリアへのこだわりが強く、納得できれば予算の上限は細かく設けないなどという人もいるかもしれません。

外見だけの印象で判断したり、相手の理想や予算、趣向を会話の最初からストレートに聞くのは失礼だという思い込みによって重要な質問を後回しにして会話をしていると、結局は会話の終盤に、提案を大きく軌道修正することになるなど、ムダが生じてしまうでしょう。

仕事において「聞くべきこと」とは、大抵、どれをとってもプライベートな質問に属します。そんなプライベートな質問は、相手のことを知りたいと思って聞くわけですから、失礼なことではありません。むしろ、堂々と礼儀正しく聞けばよいのです。仕事の場面では、重要な質問を先延ばしにすることは決断力がない、自信がない、相手に興味がない、準備不足、経験不足などとみなされてしまうだけなのです。

思い込みや、相手への勝手な遠慮によって、ずばり聞きたいことを避け続けるのはおすすめしません。

私は、イメージコンサルティングでクライアントと話すときに、最初に相手の現状はもちろんのこと、目標年収や、理想とする社会的地位などを聞いておき、それ以降、それらの情報を念頭に置いてアドバイスをしています。

相手のニーズを常に頭に入れてアドバイスをすれば、「一般的には〜」という尺度で、相手からは求められていない話をしてしまうことを回避できます。

「現状の小林さまへのベストな提案のため、最初に3つほど重要なことを伺ってもよろしいですか？」などと前置きし、姿勢を正してアイコンタクトを取り、丁寧さや謙虚さはキープしながら質問をしてみるのです。

あなたの質問の内容が、目の前の相手の利益に繋がる自信があれば、堂々とためらうことなく、プライベートなことなども遠慮なく聞いてみてください。

その際に、もしも「いきなりそんな質問は失礼だ」と相手にいわれたとすれば、原因は大きく3つのことが考えられます。

①質問の内容自体が適切ではない
②質問の意味と重要性が伝わっていない
③あなたの聞き方が失礼だった

つけ加えると、プライベートな質問をするときには、清潔感ある身だしなみと、相手への礼儀正しい接し方、そして丁寧な話し方といった最低限のマナーを守っていることが大前提です。

あなたが、相手からプライベートな情報を聞かせてもらうのに値する人物であることを、相手に確実に感じてもらう必要があることは、どうかお忘れなく。

まさか、こんな経験はないと思いますが、ガムをくちゃくちゃと噛みながら「ご家族はいらっしゃるの？」と聞いたり、テーブルに肘をついてスマートフォンの画面を見ながら、「自宅はどこですか？」などと軽々しく聞くのは失礼であることは、誰でもおわかりでしょう。

私自身も過去に何度か、相手に対して警戒心が解けないうちに、「吉原さん、イメージコンサルタントって儲かるの？」と聞かれたことがありました。

そういうときは、お互いの立場にもよりますが、「細々とやっております」「毎日必死で、まだまだ勉強中です」などと答えながらも、やはり気分がよいとはいえません。

相手の聞き方によっては、全く印象が異なります。

例えば以前、「吉原さんのSNSを毎日楽しく拝見しています！　吉原さんはのびやかに育児をされているように見えて、タイムマネジメントもお上手なんだなと……」なんていう前置きをし、私の気分を上げてくれるライターさんがいらっしゃいました。

私は単純なので、そんなふうにいわれると嬉しくて、ありがたくて、つい気をよくして話をしてしまいます。

だからといって、私が特段、おだてに弱いわけではありません。

むしろ、「超」がつくほど現実的なタイプなので、相手のおだて方によっては、「この人には裏がある」と考えて冷静に距離を置くスイッチが入ってしまうこともあります。

先ほどのような場面では、ただ私から何かを聞き出したくて、最大限の気遣いと、予習してきてくれたであろう情報を使って、真面目に実直に接してくれる聞き手に対して、少しでも相手に満足してもらえる話をしようと思ったまでです。

相手に信用してもらうための工夫や努力を省いて、「あなたの仕事は儲かりますか?」のような失礼な質問をすることは論外です。

質問を受け止める側としても、「その質問に答えるほど、まだあなたと信頼関係を築けていませんので」といった、多少強気のシグナルを送ってもよいのではないでしょうか。

また、年齢を聞いておいて、リアクションに困って無言になったり、「あー」という一言しか出なかったりするようなら、まだまだ会話に対して準備不足だといえるでしょう。

他にも、既婚、独身、子供がいるかいないかなど、デリケートな話題もあります。

「重要なことなので最初に伺いたいのですが、今はご家族とお住まいですか?」という質問であれば、「独身ですか?」とストレートに聞くよりもマイルドな印象です。

「普段からお忙しいのではないですか?」と聞くと、「今週いっぱいは、主人が出張中なので、一人でお気楽に外食三昧です」「いつもは時間があるのですが、今は義母が入院しているので、毎日、病院通いをして忙しくしています」などという答えが返ってくることがあります。

このように、あなたのほうから相手の家族構成をストレートに聞かなくても、相手のほうから詳しく話をしてくれることもあります。

もしも、質問に対して、「別に忙しくはないです」「普通です」などと答える人がいるとしたら、あなたの質問を快く思っていない可能性がありますから、相手のリアクションを観察しながら、質問や会話の流れの軌道修正を試みましょう。

プライベートなことを話題にできたら、あとは、あなたの反応次第で会話を発展させたり、関係性を深められるチャンスは広がります。

世の中には、感じのよい第一印象からは想像もできないような、悲しい事件に巻き込まれた経験がある人や、対人関係に対してトラウマを持っている人もいます。

相手の顔にそのような情報は書いてありませんが、「もしかしたら」と1秒間、頭の中でつぶやくだけで、プライベートな質問をするときに、あなたは今まで以上に言動の一つ一つに気を配ることができるはずです。

私たちは会話をするときに、明るい話題であっても、常に緊張感を忘れてはいけないのです。そうした緊張感や最低限のマナーを持ったうえで、プライベートなことを謙虚な姿勢で聞いてみましょう。

もしあなたのお客様から、「義母の介護があり、最近はとても忙しい」「実は、以前は結婚していたんです（離婚経験があるという意味）」などという話を聞いたときには、「そうですか」

で終わりにするのはもったいないことです。

せっかく大切な人生の一部分を、あなただからこそオープンに話してくれたのですから、こういうときこそ、一歩踏み込んだ反応をしてみましょう。

例えば、「お義母様のケアと家事の両立をされていらっしゃるのは、並大抵のことではありません。介護をされてどのくらいになるんですか？」「そうだったのですね。いつもパワフルな吉田さんからは、そのような大変さが全く伝わってきませんでした。本当に立派ですね」などと伝えてみましょう。

ときに、相手の人生の深い話題に自ら飛び込んでいくことは、10階建てのビルからバンジージャンプをするほどの覚悟が必要なこともあります。

相手の大切なことを知りたいのに、聞き手が全く汗をかかないような雑談をしていれば、知りたい情報や本音ばかりでなく、相手の気持ちさえも遠ざかるだけなのです。

自分の中でバンジージャンプをするほどの賭けに出たとき、きっと私たちは人と関わる強さや優しさを学んでいけるのだと確信しています。

相手を知ろうとしてプライベートなことを丁寧に聞く姿勢を貫くほどに、あなたが相手にとって「もっと一対一で話したい人」という存在になる日は近づいてくるのです。

ストレートな質問よりも「ポジティブ・メッセージ」を活用しよう！

「結婚の意思はありますか？」「お仕事は順調ですか？」「借金はありますか？」「ご両親との同居の可能性はありますか？」「ひょっとしてすでにお子さんがいらっしゃいますか？」などなど、婚活中の女性は、出会ってときめいた男性に聞いてみたいことがたくさんあります。

もちろん、その人の素性も、バックグラウンドも、何もかも全く気にならず、愛さえあればそれだけでいいわ！　というドラマティックな恋愛もあるかもしれませんが……。

とはいっても、結婚におけるパートナー選びという現実的な問題に直面しているのですから、長い人生を見据え、お互いの情報を知っておきたいという思いが自然と増してくるものです。

恋愛とは違って、これから続くであろう長い人生を支え合い、家族として生活することになるのが結婚です。

そのため、相手の現状を知らずに結婚を考えることは、効果も成分も消費期限も製造元も知らずに薬を飲むのと同じくらい避《さ》けたいことだと私は思っています。

結婚という形式にこだわらず、生涯のパートナーを選ぶ際にも同様です。

けれども、直接聞いたらとても失礼ですし、相手の気持ちが引いてしまうような質問ばかりであることも、また事実です。

そんなときには、質問ではなく、「ポジティブ・メッセージ」によって相手の反応を引き出すという、お互いにとって気分のよい方法があります。

（例1）職業を知りたい場合

あなた「○○さん、メガネがよくお似合いですね。数字に強そうな知的な雰囲気を感じます！」

相手「ありがとうございます。数字に強いかはわかりませんが、銀行に勤めているんです」

（まとめ）「メガネが似合う＝知的」というポジティブ・メッセージで相手から快く仕事の情報を教えてもらう。

「数字に強そう」というのは、特に男性にとってはいわれたら嬉しい言葉の一つです。それは、賢さや聡明さ、地位や学力などの高さを連想させるからです。

ただ、相手が知的という印象よりも、筋肉隆々でいかにも体作りに自信がありそうな男性の場合には、「プロのスポーツ選手でいらっしゃるのですか？」「趣味の領域を超えていますよね！　たくましくてかっこいいです！」などといった表現のほうが、より喜んでもらえる場合もあります。

（例2）お金の使い方や考え方について知りたい場合

あなた　「○○さんのジャケットは仕立てがよさそうですね！　オーダーメイドのジャケットですか？」

相手　「いやいや、ファストファッションブランドでしか買い物はしないですよ。僕は洋服にお金をかけないんです。その分、趣味の旅行にはお金を使うかな」

（まとめ）「オーダーメイド」という表現から、何にお金をかける傾向にあるかの情報を失礼のないように引き出す。

洋服の仕立てのよさは、目に見えてわかる場合もありますが、身につけている人のセンス、姿勢、立ち居ふるまい、言動などによっても大きく印象が異なるものです。

「あなたが身につけているから高級に見える」という表現は、ほぼ直接的に相手を「素敵な人」だと認定していることになるので、誰がいわれても嬉しい表現でしょう。

（例3）仕事と子供に対する考え方や現状を知りたい場合

あなた　「田中さんって、お話がとてもわかりやすくてやさしいですよね。田中さんのような人が歯医者さんだったら、私が子供の頃、虫歯の治療が怖くて泣くことはなかったかもしれません」

相手 「ありがとうございます。私は、歯科医ではないですが、そんなふうに褒めてもらえるんだったら、歯科医を目指せばよかったですね。今は、イタリアンレストランで店長をしているので、日頃からお子様連れの方にお会いする機会も多いんですよ。それに近所に住む甥っ子には友達だと思われているみたいです」

（まとめ） 「話がわかりやすい＝先生と呼ばれる職業」という公式で、失礼のないよう相手を敬うポジティブ・メッセージにより、子供と接する機会の有無や考え方を、仕事の情報とともに引き出すことができる。

一般的に、先生と呼ばれる職業には、「知的」「信頼できる」「真面目」「規律正しい」などといった印象があります。

ただし、先生と呼ばれたり、先生っぽいと思われるよりも、「クリエイティブ系の人」「芸術家肌の人」「起業家タイプ」などと呼ばれることのほうに優越感を持つ人たちもいますから、相手のタイプに合わせて考えてみましょう。

（例3）のように、ざっくりとした（そこまで深くなくてよいのです）職業でたとえる場合には、「そういう第一印象があるんだ！」と、笑いが起こる場合もありますから、聞きたいことも聞けるし、雰囲気が和むので一石二鳥です。

男性の読者の皆様、「女性はしたたかだな」なんて思わず、こういった会話ができる女性は、相手を傷つけないよう気を配れる人というふうに思ってくださいね。

男性側もまた、女性に対して海外転勤があっても問題ないのか、料理が得意なのか、結婚後も仕事は続けたいのか、子供についてはどのように考えているのかなど、聞きたいことはあるはずです。

自分のほしい情報があったとしても、聞き方一つで、情報はおろか、相手との関係すら失いかねません。

第一印象を活用した「ポジティブ・メッセージ」は、決して「褒めてあげている」という上から目線ではないことも前提としておきましょう。

相手のポジティブな第一印象を伝えるということは、相手を「敬う」「気遣う」ということと同一線上にあるというふうに私は考えています。

相手を敬い、気遣うことを、結果的には相手に喜んでもらえたらよいですよね。

また、相手に対して「特定の著名人に似ている」といった「ポジティブ・メッセージ」を送るときには、注意が必要です。その著名人が、ごく最近、犯罪に関わっていたとか、失言によって失脚した人物だったなど、伝えられた本人に「えっ?」と腑に落ちない不快感を覚えさせてしまってはいけません。

相手のことを知りたいときには、第一印象の中で最も相手に喜んでもらえそうな「ポジティブ・メッセージ」を積極的に伝えてみましょう!

「いかがですか?」とは聞かない

私自身が講師やイメージコンサルタントの仕事をしている中で、質問の仕方によって、相手が答えるまでにかかる時間や、内容が大きく変わることを目の当たりにしてきました。

その代表的な例が、「いかがですか?」という聞き方です。

例えば、30代のビジネスパーソンから、今後のキャリアについての相談を受けたときのことです。

彼女に、ライフプラン(この先の人生の中で、年齢別に実現したい具体的な仕事やプライベートの計画をまとめたもの)を用紙に書き出してもらった後、私が「いかがですか?」と聞くと、「そうですね……」といいながら、相手は3~5秒は沈黙します。

そして、用紙を隅々まで見て、さらに数秒の間をおいてから、話し始めました。実際に、このような人が大半です。そこで、私は聞き方を変えてみます。

「松本さん、実際にライフプランを書き終えてみて、最も強く感じたことは何ですか？」するると、「用紙にまとめてみると、人生ってずいぶんと限られていて、コンパクトに感じました」「60代まであっという間なんですね」など、時間をかけずに答えられる人が多いのです。

つまり、「いかがですか？」という質問は答えの範囲が広すぎて、答えを絞り込む前に、「何について話せばよいか？」と考える余計な労力を相手に使わせていることになります。

さらには、「いかがですか？」というのは、聞く側が「知りたいこと」を絞り切れていないことを露呈していることにもなるので、質問者としては気をつけたいところです。

例えば、商品を試着されたお客様に対して、「スカート丈は気になりますか？」「腕や肩周りの着心地はいかがですか？」「お色味は気に入っていただけましたか？」などと具体的に知りたいことに絞って質問したり、会議中、「以上で説明は終わりますが、商品仕様や納期についてのご質問などはございますか？」など、後に相手から質問されることを予想し先回りして具体的に提示する聞き方は、答えやすく気が利いています。

「いかがですか？」というのは、相手に選択の自由度を与え、個性を引き出せる有効な質問でもありますが、同時に、意思決定に時間をかけさせてしまうといったリスクもあります。「直感で」「一つだけ」「あえて選ぶとしたら」など、範囲や時間を制限した聞き方のほうが答えやすく感じられます。

もし、あなたが好きな人に「付き合ってください」と告白したとしましょう。「あなたは私のことを、どのように思っていますか？」と聞くよりも、「もし、お付き合いできる可能性が少しでもありましたら、今週土曜日、『GINZA SIX』でお茶をご一緒させていただけませんか？」と相手が簡単に決断しやすいことを一つに絞って聞いたほうが、次のデートに進める可能性は高くなります。

ところで私は、首や肩が硬くなってくるとマッサージへ行きます。

旅先でも時間があればマッサージを受けるのですが、1～2時間、至福のときを過ごし、徐々にマッサージの終了時間が近づいてきたときに、マッサージをしてくれている人から大きな声で「以上で終了となります。いかがでしたか？」と聞かれるのが苦手です。お店側としては、素早く私の着替えと退室を促して、次の予約のお客様への準備に取りかかりたいという業務的な理由があるのもわかります。

けれども、せっかく気持ちのよい時間だったのに、余韻もなく現実に戻されて、急かされる思いで返事をしようとするとき、なんとも残念な気持ちになってしまいます。マッサージが終わったその瞬間、私としては、そっとしておいてほしいなと思うのです。

そこで穏やかな声で、「お疲れ様でございました」と耳元でささやき、「お着替えをされたら、お茶をお持ちいたしますね」とだけ伝えてもらえたらありがたいのです。

マッサージ後に、ボーッとなっているお客様のタイミングは無視し、お客様から「気持ちよかったです」という言葉を聞くことがルーティンになってしまっているスタッフの方がいるように感じています。

「いかがですか？」という聞き方は、ときに相手に余計な労力を使わせプレッシャーを与えてしまいます。

そして、マッサージ店での例のように、相手に対して雑な接し方という印象を与えることもありますから、答えの内容がポジティブだと、おおよそわかっている場合には、あえて聞かなくてもよいのではないでしょうか。

さあ読者の皆さん、「いかがですか？」の項目はいかがでしたか（笑）。

その聞き方は取りやめまして、「『いかがですか？』の項目を読み終えてみて、明日からは相手が答えやすい具体的な質問をしてみようと思われましたか？」。

きっと後者の質問のほうが、即答していただけたのではないでしょうか。

今日からあなたは、相手がすぐに答えられるような聞き方ができる人として、相手とのコミュニケーションに、より自信を持って臨めるでしょう。

雨が降ったら「急ぎましょう」と提案する

本書を読んでくださっているあなたは、「雑談はムダっていうけど、初対面でいきなり本題に入るのは不自然でしょう？」「雑談なしですぐ本題に入るなんて、唐突すぎるのでは？」と思っているかもしれません。

どうぞ、ご安心ください。仕事上の関係の中で初対面で挨拶をして、天気の話題になってもよいのですが、本書では、その際に一つ提案をさせてもらっています。

それは、天気の話題を「雑談」で終わらせるのではなく、最終的には「もっと話したくなる人だ」「あなたは信用できる」と感じてもらい、関係が一歩前進するように会話を着地させるという主旨の提案です。

まずはNG例から紹介しますね。

あなた　「今日は本当によいお天気ですね」
相手　「そうですね」
あなた　「はい。晴れてくれて本当によかったです」
相手　「ええ……」

天気の話題は、このように終わりにしてはいけません。

それでは、理想的な展開の参考例を紹介します。

あなた「今日は本当によいお天気ですね」
相手「そうですね」
あなた「こんなに晴れた日に中島さんにお目にかかれるなんて、縁起のよいスタートとなり嬉しいです！　本日は、お忙しい中、お時間をいただき、本当にありがとうございます。それでは、早速ですが話に入る前に、重要な2つの質問をさせていただいてもよろしいでしょうか？　1つ目は……」

といった展開にできれば、天気の話は「雑談」で終わるのではなく、感謝の気持ちと、あなたがいかに礼節を大事にしているかを相手に伝えられるので、関係は一歩前進していきます。
逆に、雨の日の話題でNGの事例といえば、こちらです。

あなた「すごい雨ですね」
相手「そうですね」
あなた「雨があがるとよいのですが」

相手　「本当ですね」
あなた　「あー、困ったな」
相手　「はぁ……」

このような会話を、巷《ちまた》ではよく耳にします。
次に、「雨ですね」「嫌な天気ですね」で終わるのではなく、あなたに時間意識があることをアピールできる会話の一例を紹介します。

相手　「雨が降ってきましたね」
あなた　「そうですね。それでは急ぎましょう！　雨が強くならないうちに田中さんが次のアポイントメントにご移動できますよう、今日は話をスピーディーに進めさせていただきます！　早速ですが……」

このように雨が降っていることをきっかけに、相手の状況に配慮し、時間管理を心得ているしっかり者であるといった印象に繋げていきましょう。
多くの人たちは雨が降ると、自動音声のスイッチがオンになったかのように、「雨ですね」

「そうですね」という会話になりがちです。

仮に、商談の場でオチのない天気の話題に毎回1分ほど費やしていたら、1日1件のアポイントメントがあるとして、1年で約4時間はムダにしていることになります。

4時間という貴重な時間があれば、もっと突っ込んだ重要な話を聞いたり、会いたい人に会ったり、行きたい場所に行って刺激を受けたりすることも、本を読んだりのんびりと過ごしたりして好きなように過ごすこともできるはずです。

「花粉症の季節は本当に嫌ですね」と誰かがいったとしましょう。

確かに、その通りです！　私にもよく理解できます。

ただ、それに対して「嫌ですよね」で終わりにしてしまうのではなく、花粉症の話題を前向きで軽快な視点から見てみるとどうでしょう。例えば、このような感じです。

「少しでも雨が降ってくれるといいですよね。花粉症になってからは、雨のありがたみがよくわかるようになりました！　なんて、そんなことをいってお天気が変わったら困りますから、例の件、早く決めてしまいましょう！」

本書を出版した2019年は、消費税増税の年でもあります。きっと「消費税が上がるって嫌ですね」という声が増えてくるでしょう。

そんなとき、「本当に、税金は上がる一方ですよね。私は消費税が上がるのをきっかけに、少額から簡単に始められる投資アプリを見つけて試してみたんです。コツコツとなんですけどね。なんだかそれが、ささやかな楽しみになってきたんです！　その話題になると長くなってしまいそうなので、早速本題に移らせてください」「増税してもランチが５００円のまま変わらない絶品のカレー屋さんがこの近くにあるので、よろしければ後ほどＵＲＬを送っておきますね！」などという明るい話題にしてみるのはいかがでしょう。

私たちの生活の中には、たくさんの小さな幸せがある一方で、たくさんの小さな嘆きもあります。傘を持っていないのに突然、雨に降られたときの嘆きや、くしゃみや眠気で仕事にならないほどの花粉症や、生活にかかるお金が増えていくことも「嫌だなぁ」と思うでしょう。でも、視点をほんの少し変えるだけで、相手にムダな話を聞かせてストレスを感じさせることを避けられるのです。

あなたの発する言葉によって、有効な時間を作り出すことができるのです。

次の雨の日には、相手に「さあ、急ぎましょう！」とぜひあなたが伝えてみてくださいね！

杖を持つ人に配慮できる人になる

私が講師として様々な企業で接客業向け研修を行うときのことです。

受講者の方々にロールプレイングをしてもらうと、それぞれの社員の方が普段どのように現場で仕事をされているかがリアルに見えてくるものです。

研修中は、誰もが同僚からも講師からも一挙一動、見られているという緊張感が漂います。

ですから、現場での働き方と全く同じとは限りませんが、それでも、お一人お一人が普段どのような態度や視点でお客様と向き合って仕事をされているかは大筋でわかります。

あるとき、某通信会社の研修の中で、実店舗で働く社員同士がグループを作り、お客様役と店員役に分かれて実践トレーニングをしたことがありました。内容は、携帯電話の販売店舗に入店したお客様を席までご案内し、用件を聞くまでのやり取りです。

すると、あるグループの店員役の男性社員が、高齢のお客様役の社員に対して、「○○百貨店さんでお買い物をされていらっしゃったのですね。よろしければ私が大切なお荷物をお持ちいたします」と落ち着いた声で、にこやかに微笑みながら声をかけました。

そのうえ、小道具としては実際に存在しないデパートの紙袋があるかのように、荷物を気にかけるやり取りがあり、着席するときには、「大事なお杖はこちらに立てかけさせていただきますね」と、杖の置き場所まで声に出して案内していました。

そのとき、この男性社員は普段からお客様の持ち物や、身体的な特徴にまで気を配りながら仕事をしている人なのだろうと想像しました。

同時に、お客様に対する細やかな観察力を持ち、相手の状況に合わせて対応されている人なのだと感心させられました。

私も、こんな人からサービスを受けたいと思ったほどでした。

また、20代のころ、私が客室乗務員として仕事をしていたときのことです。

松葉杖を使っているお客様にスムースなご案内ができるよう、お客様が搭乗される前の待機時間に、同僚と一緒に、実際に片足でドアから座席まで移動して一人で着席するシミュレーションを試みました。

すると、まずタラップ（飛行機の乗り降りに使用する移動式の階段）と機体の入り口ドアの間に隙間が空いていて、その高さのギャップが怖いこと、通路は狭いわりに、前後の座席と座席の間が意外に広く、足を気にしながら、手で支えて一人で着席するのは、想像していた以上に不安定だったことがわかりました。

客室乗務員として、どの位置でサポートさせていただくのがベストなのか、また声かけによってストレスや恐怖感などを和らげるには、どのような情報を、どのタイミングで伝えるべきかを実体験から得ることができました。

世の中には、「成功したい」「よい人脈を築きたい」などの野心を持って、目標に向けて進んでいる人たちが多くいます。

そして、その中には、「最速・最短」などといった言葉を掲げて、自己の実力を一気に高められる秘技のようなものを探している人も見受けられます。

ところが、そういう人たちに限って、研修で行ったようなロールプレイングをしてもらっても、紙袋や杖をイメージした対応ができなかったりします。

また、高齢のお客様が着席するときに、椅子を引いたり押したりせず、すぐさま自分の持ち場に帰っていく人もいます。

さらには、筆圧の弱い高齢者のお客様に対して、書くときに力が必要な太いボールペンや、固定しづらく、書いていると動いてしまいそうな小さなメモ用紙を渡してしまうなど、配慮に大きく欠けていることもあります。

「最速・最短」という合理性を持って仕事を進めることは重要です。ただ、そういった考えや意識とともに、実際に相手に起こっていることを体験したり、相手の立場に乗り移ったくらいに想像力を働かせてみると、別の世界が見えてくるのです。

そして、そこからの相手との会話や咄嗟の声かけが「相手に本当に必要とされていること」に結びつくものだと考えています。

年齢や知識、経験の長さだけに胡坐《あぐら》をかかず、自分が相手の立場になって体験することでいかに言動の質を高めていけるかが、目標を実現できる人と、できない人との分かれ道なのかもしれません。

「信仰、政治、病気」の話題を避けるな

ご存じの通り、常識的に考えて、宗教や信仰、政治や病気に関わる話というのは避けたほうがよいといわれる話題に属します。場面や状況によってはその通りですし、あなたのほうから積極的に聞く必要はありません。

けれども、もし相手がそういった話題について先に話してきた場合には、「聞いてはいけない」などと極端に力みすぎず、穏やかに興味深く受け止める余裕を持ってみるのはいかがでしょう。

例えば、目を引く紫色の大きな天然石のネックレスをしている人がいたとします。

「首元のネックレス、素敵ですね」とあなたがいいました。すると、「これは私が信仰している神様を象徴した石なのです」と、相手から明るく答えが返ってきました。

あなたはどのように反応されますか？

多くの人が、聞いてはいけないことを聞いてしまったと、ハッとするかもしれません。

ですが、まずネックレスを堂々と身につけていることからして、ご本人は信仰心を隠そうとはされていないことがわかります。

また、相手は「神様」という言葉をストレートに選んでいるわけですから、「聞いてはいけないこと」として神経質になりすぎなくてもよさそうです。

しかし、それを聞いた途端、「まずいことを聞いてしまった」という表情で、慌ててしまう人もいるでしょう。

もし、あなたが本当に相手に興味があり、自分のお客様として、関係を築きたいと考えているのであれば、「そうですか。小川さんがご信仰されている神様とおっしゃいますと？」と一歩踏み込んで聞いてみるのはいかがでしょう？

入信をすすめられるのでは？　何かのイベントに誘われるのでは？　などと大げさに構える必要はありません。初めて知る世界もあるのだと受け止めてみるということです。

きっと相手にとっても、あなたに自分が大事にしている信仰の話をすることは勇気がいることかもしれません。

相手の信仰を受け入れるのではなく、話を聞いて情報として受け止めるだけだと考えれば、軽やかな気持ちになれるはずです。

話は変わりますが、２０１７年に行われた第45代アメリカ合衆国大統領就任式直後に、私は取引先の方々との会議がありました。その折に「トランプ大統領の誕生ですね」と、誰かが切り出しました。

あなたでしたら、このときどのように反応されますか？

こういったニュートラルな発言の直後は、次に話す人の意見によって、その場の空気感がある程度決まってくることがあります。

ですから、あなたが作りたい空気感をイメージし、率先して発言することには大きな意味があります。利害関係がなく、気心の知れた人たちとでしたら、いいたい放題の議論も許されるでしょう。

ただしビジネスでの関係がある場合は、賛成派か反対派か、大好きか大嫌いかといった二者択一の発言よりも、冷静かつ前向きな発言にとどめておくほうがベストな場合があります。

例えば、「今までで最も今後の動きが気になる注目の結果ですよね。ニュースから目が離せませんね。色々とあるかもしれませんが、新大統領に期待したいです」など。

お互いが新政権の影響をシビアに受ける企業間での会議の場面でしたら、もっと深い話になるかもしれませんし、発言の一つ一つが試されている可能性もありますから、それらは個々の立場や環境によって考えることが必要です。

けれども「時事ニュース」として会話の中で政治の話題がぽっと出てきたときには、「私はトランプ政権によって世界が脅威にさらされると思っています」「日本経済が破綻しないか心配です」などという極端な発言は、その状況では必要ないという感覚を持っていると、不要な誤解やトラブルは避けられるでしょう。

また、入院していた上司が職場に復帰したときや、友人の手術や入院を知ったときなど、何を話したらよいのかわからず、結局、何も気の利いた言葉が出てこないなんていうことがあります。

「自分だったらどんなふうに声をかけるだろう？」と想像してみたあなたは、思いやりのある方ですね。

まずは、相手の気持ちを察することが優先です。

以前、私の近しい友人が婦人科系の手術のため入院することが決まったときのことです。周囲がその話題について触れないようにしていることに対し、彼女は、「珠央みたいに、みんなももっと聞いてくれていいのにな」と口にしていたことがありました。

私は付き合いが長く、彼女のことをよく知っているということもあり、入院前も入院中も、そして退院後もかなり詳しく色々な話をしたのです。

根掘り葉掘り聞くわけではなく、例えば病室では、「今は痛いところはある？　その姿勢で話していても大丈夫？」「術後は、しばらく通院する予定なの？　ご家族に付き添ってもらえそう?」「何か読みたい雑誌や本はある?」などと自分にできることを探すスタンスで彼女に話を聞いていました。

相手への気遣いと思って腫れ物に触るような会話をすることが、相手にはかえって無関心で不親切だと感じさせてしまうこともあるのです。

その一方で、「知らないふり」をすることがベストなこともあります。これは相手によるので、手探りで相手の真意を探っていくしかありません。

また、手術前や入院中は、とてもナーバスになっているときですから、メールなどでは、長々と書く必要はなく、「今はご不安かと思いますが、職場で待っています!」「もし、私でお役に立てることがあればおっしゃってください」などと伝えるだけでもよいのかもしれません。

そして退院されてきた人に対しては、明るく「おめでとうございます」「大変でしたでしょう。こうして元気なお姿でお会いできて嬉しいです」「待っていましたよ!」などという第一声で迎えてあげたいですね。

タブーとされている話題を気にしすぎるよりも、「少しでも相手の役に立てることはないか」というアンテナを立てて言葉をかけていくことで、きっと相手はあなたの心遣いを感じ取ってくれるはずです。

「病気の話は絶対にしない」「踏み込んではいけない」などと頑なに決めなくてもよいのでは

ないでしょうか。

「義父がガンで入院しました」という話を聞いても、どんなガンなのか、あるいはどれほどのステージ（ガンの進行レベル）なのか、お年はいくつなのか、併発している病気が他にもあるのかなどによって、ご本人をはじめ、ご家族のお気持ちや生活の負担も異なるはずです。

「ガン」と聞いただけで「死」を連想して、極端に焦る必要はありません。

「それは大変ですね。入院はしばらくかかりそうですか？」「失礼ですけど、どちらのガンなのですか？　実は、うちも入院している家族がいるので、きっと大変だろうと思いますが、お互いに頑張りどころですね」など、少しでも相手の力になりたいと思えばこそ、一歩踏み込んだ質問で相手の気持ちを落ち着かせることができるのです。

質問を何もせず、表面的な話しかしないと、「私への関心がゼロの人」「困っているときは離れる人」「無難な会話しかしない上辺だけの軽い人」という印象を与えることもあります。

さあ、勇気を持って、どのような話題にも果敢に踏み込みましょう。

もし、気まずいことをいってしまった場合には、誤魔化すのではなく、「失礼なことを聞いてしまって申し訳ありません」としっかりと謝って、誠意を見せれば大丈夫です。

そして、また会話にチャレンジしていけばよいのです。

これからは、過剰に「信仰、政治、病気」などの会話を避ける習慣を変えてみましょう。

相手が沈黙を望んでいるのか、あなたに話をしたいのか、それを見極められるかどうかは、あなたの一歩踏み込んだ言動次第なのです。

モノをたくさん売る人は「ちゃっかりPR」が絶妙

美容院でシャンプーをしてもらっているときに、「こちらのシャンプー、とてもよい香りですね」と、20代のアシスタントの男性に伝えました。

すると、「よかったです！ でもこの香り、好きな人は好きですが、嫌いな人は嫌いなんですよね」と返ってきました。まさに、「そりゃそうだ」というしかない反応です。

「癒やされますよね」と一言、いえる人もいます。そして、そこで止めておけば、会話の着地点がしっくりとくるのですが、ときに話し手は、「もう少し何か足さなければ……」というふうに、無意識のうちに意味のない言葉や余計な情報を盛ってしまう傾向にあります。

「もう少し何か言葉を加えたい」と思ったときは、その前に話していた内容以上に、中身にインパクトや価値を与えられる内容を加えるべきです。

例えば、先ほどの美容院での会話でしたら、「お気に召して、よかったです！ ありがとうございます！ さわやかな香りで癒やされますよね。こちらのシャンプーには、グレープフルーツやレモンなど国産の柑橘系のエッセンシャルオイルが配合されているんですよ。毎晩お使いいただいても2カ月はお使いいただける500ミリリットルのご家庭用サイズでの販売もございます。よろしければ後ほどご案内させていただきますので、受付でご覧になってみてください」といった正確な情報を伝えればよいのです。

そうなのです。ちゃっかりと商品をPRすることが大切なのです。

そうすれば相手は納得し、質問をしたことで知りたかった情報を得ることができるうえに、「柑橘系の香りはリラックス効果もありますし、低刺激処方なのでデイリーユースとしてもおすすめです」などといわれたら購入する人もいるでしょう。

先ほどの私のように、相手の返答に、「なぜか納得できない」と感じてしまう場面は、あなた自身もご経験があるのではないでしょうか。

他にも、店内でセーターを見ているお客様に、必ずといっていいほど「そちらは一番売れている人気の色味なんです」「そちらは今年の流行色です」などと自信満々にいう店員がいます。

相手を全く見ずに同じことをいい続け、それがサービスだと思い込んでいるとしたら、その店舗では店員指導が明らかに足りていないといえます。

なぜならば、「人気商品」ということは、同じものを着ている人と街で会う確率が上がり、それを嫌がるお客様もいるかもしれないからです。

また、来年も再来年もベーシックに着られるようなものを探している場合、「今年の流行色」という謳《うた》い文句ですと、「この色は来年以降、廃《すた》れてしまうのか」と感じる人もいるからです。

性能や使い勝手と、購入者の評価や売れ筋が決め手となる家庭用電化製品とは違い、実際に人が身につけるファッションアイテムについては、「人気商品だから買うはず」「流行だからほしがるはず」という勝手な思い込みは、損失に繋がる場合もありますから注意が必要です。

そこそこ感じよく接客しているのに、会話の中に「一人一人のお客様に納得してもらえる商品を売るぞ」という熱量が欠けていたり、お客様に喜ばれるようなPRを一切しない店員を見ていると、売り上げやお客様との信頼関係の面で、かなり損をしているなと思うのです。

ある日、私が雑貨店でハンドクリームを試していると、女性店員の方が商品の説明をしてくれました。

「うわ、優しい香り！」「すごいしっとり感ですね」などと私がいうたびに、丁寧に「ありがとうございます」といって香りや美容成分、同じ店内の別のハンドクリームとの違いなどをわかりやすく端的に教えてくれました。

そして、早々と私に「私は店長の佐藤と申します」と自己紹介され、私も「吉原です」と答えました。

「吉原さまは、どのような香りがお好きですか？」「クリームはしっとりしたタイプと、さらっとしたタイプのどちらがお好きですか？」「吉原さまがお選びになったこちらのクリームが、当店では一番、保湿力が高いものです。特に40代以上のお客様でリピートしていただいている方が多くいらっしゃいます」などと私の名前を呼びつつ、40代の私に対して、ご自身が持つ的確な情報と、購入を検討している私が決断しやすくなる情報を交互に会話に取り入れながら、「ちゃっかりPR」も忘れずに話をしてくださいました（笑）。

私には「説明を聞かされている」という感覚は全くありません。

むしろ、私自身のためにカウンセリングをしてくれているのだと感じるほどでした。

そして、彼女の会話の魅力は、力を入れすぎることなく自然で楽しい雰囲気を持っていることに加えて、ご自身の感じたことを言葉にできるセンスのよさにもあります。

例えば、「それでは右手の甲に、こちらのクリームをつけさせていただきますね」といってクリームをつけた後、「うわ、吉原さまのお肌はすべすべですね！」（お世辞でも嬉しいのです）、「とても素敵な腕時計は、このままでもよろしいでしょうか？」などと機械的ではなく、状況に合わせて目にしたものの情報を、大げさではなく、ごく自然なタイミングで伝えてくれるのです。

モノをたくさん売ることができる人というのは、商品を熟知していることはもちろんですが、お客様をよく観察し、丁寧な会話で相手を巻き込みながら、問題解決ができる人なのだと実感します。

そんな人と出会うと、お客様側は「今、この人から買おう」という行動スイッチが入るのです。

「今だ！」という購買意欲は、価格と必要性、さらには「売っている人の魅力」のいずれかがずばぬけて大きいときに湧き上がってくるものです。

モノをたくさん売ることができる人を簡潔に表せば、問題解決の能力が高い人ともいえるのです。

目の前のお客様が、あなたがおすすめする商品を買うことで何かしらのよいことが起こるという自信があれば、「ちゃっかりＰＲ」を入れて、お客様の問題解決へと堂々と導いてあげてくださいね。

採用のチャンスは「普段」にある

私が就職活動をしていた時代は、「コネ入社」と聞くと、企業のトップの人たちの口利きのおかげで実力不問で入社できた「ラッキーな人たち」とのイメージが先行していたものでした。

現在では、コネクションを生かし、「社員紹介採用」や「リファラル採用」などといった、その企業に属する社員が適任と思われる人材を推薦、または紹介するといった採用方法が国内の会社においても注目されています。

こうした採用方法の全てのケースが成功というわけではないにしても、紹介者である社員とはすでに面識のある人たちだけが応募しますから、その時点で、「うちの社風に合っている」「うちの部署が求めるスキルを持っている」「こちらの条件を理解してくれている」などという確認はできたうえでの面接となり、極端なミスマッチを避けることはできそうです。

さらには、採用にかかるコスト（ネット広告、人材派遣会社に依頼した場合の仲介料など）を削減できるといった面も、企業側からすると魅力的です。

紹介者には、単に友達を紹介するような軽い感覚ではないことと、企業側が求めている人材像を確実に理解したうえで、紹介することが求められます。

こうした採用法を見ていると、チャンスは「普段」の人との会話や出会いの中に、無数に存在しているということに改めて気づかされます。

私自身、「PRの経験があって、英語でコミュニケーションが取れる人を知りませんか？」「ECに強いシニアクラスのエンジニアの方を知りませんか？」「3カ月以内にシンガポールで飲食店のマネージャーとして働ける人を知りませんか？」など、周囲から聞かれることがしばしばあります。

そういうときに、たとえ経験やスキルは申し分なくても、普段の印象が悪いと、「多国籍の

20代社員が多いベンチャー企業でマネジメントができるかというと、渡辺さんは普段からもののいい方が上から目線で気性が荒いから、推薦は難しいかな……」などと考えてしまうのが自然ではないでしょうか。

採用は、企業にとって命がけといっても過言ではありません。

人を紹介すること自体は簡単ですが、その後、その人がそれぞれの現場で、どのような働き方をするか、少し先の未来を想像する責任もあります。

逆に、もし私自身の普段からの言動が上から目線で気性が荒いことで有名だとすれば、私からの推薦や紹介を信用してくれる人もいないでしょう。

紹介する側も、紹介される側も、普段の会話の中で何かしらの評価を受けています。

直接、お客様と話すときには丁寧なのに、お客様からの電話を切ったとたん、「あー、めんどくさい。このお客、本当にわがままだな」などという人がいるとしましょう。

あなたは、こういう人を知人の会社に紹介したいと思いますか？

私でしたら、電話がもしまだ繋がっていてお客様に声が聞こえていたらと想像し、電話が切れた後に無言を貫くことができないほどの危機管理能力の低さと口の軽さから、どのような方にも紹介は無理だと判断します。そもそも、言葉遣いからして、大きな違和感を覚えます。

またこういう人は、親しい友人同士であれば、気を許して何でも話してしまうかもしれません。

仕事や大事な信頼関係に関わる場面では、「壁に耳あり障子に目あり」と警戒して、話す内容や声の音量を気をつけるほうが、お互いに安心して気分よく付き合っていけるのではないでしょうか。

イラッとしたときに、その思いを口にしないで穏やかに堂々とふるまうだけで、あなたが与える「普段の会話」の印象は、レベルアップしていきます。

あなたが現状に満足している会社員でも、アルバイトでも、医師でも教員でも、どんな職業や立場の人であっても、このまま一生、その環境が続く保証はありませんし、より高い目標を持って職場や職種を変えたいと思う日がくるかもしれません。

「もしもそういう日がきたら……」と、想像してみてください。

その日がきたときこそ、あなたの「普段」が試されるときです！

そのためにも日頃から最低限、気をつけておきたいことを確認しておきましょう。

〈紹介されやすい人の3つの言動の特徴〉

①礼儀正しく「わかりやすい」自己紹介ができる

相手よりも先に堂々と挨拶ができて、帰り際には「今日はお会いできて嬉しかったです！」「お時間を作ってくださってありがとうございました！」と伝えられる人。

例えば、「パティシエをしています」という場合、「どちらのお店で？」「どんな商品を作っているの？」などと聞かれることを想定し、うまく撮影できた写真やお店のカードなどを常に持ち歩き、わかりやすく自分のことを語る準備ができている。

②話のネタ選びが「健康的」である

体を鍛えているとか、アウトドアでのバーベキューが趣味だとか、書道や茶道を始めたいとか、合気道に興味があるなど、心身ともに健康そうで、好奇心があるかのように感じられる話のネタがあると、ストレス耐性があるとみなされて、安心感を与えやすく、仕事の紹介に繋がりやすい。「週に一度は泥酔するまで飲む」「週末は夕方まで死んだように寝て過ごす」などは、実は笑い話にはならず、内心は引いている人がほとんどなので気をつけよう。

③清潔感をキープする「余裕」がある人

不潔な感じや不摂生な印象を与えてしまう人もいる。例えば洋服のシワ、ニットの毛玉や穴が目立つ人。歯や爪が汚れている人。バッグや財布の中がぐちゃぐちゃしている人。スマホの画面が手の脂でベトベトだったり、激しく割れている人など。

ファッションセンスがよいかそうでないかは関係なく、最低限、第一印象に気を配り、清潔感を意識し、洋服のシミやシワを取る、靴磨きなど、外出の準備をする余裕が持てる人かどうかが最大のポイント。

人生100年時代といわれる世の中で、仕事だけにとどまらず、年齢にかかわらず、いかにして気の合う仲間を作れるかといったコミュニケーションスキルが、これからはさらに問われていきます。

家族という枠組みだけではなく、信頼し楽しく過ごせる仲間（決して人数の問題ではありません）との出会いは、何歳であっても訪れる可能性があります。

現に私も、40歳を超えてから、「こんなに気が合うなんて！」と思えるような友人との出会いがあります。

ごく最近では、私が駐車場で会う人とは挨拶をしようと普段から実践していたことで、たまたま隣に駐車した女性と挨拶がきっかけで意気投合し、後日、朝食やランチを一緒にするという嬉しい関係に発展しました。

普段の中にこそ、出会いたいご縁のチャンスが潜んでいます。

あなたも、あなたの普段を、ほんの少しチューニングしてみませんか？

第三章

「話し癖」を直すだけで全てが劇的によくなる

すぐに本題に入れる「3秒フレーズ」

本書において「雑談」とは、相手の感情を揺さぶることのできない、またお互いに心を開くきっかけがないまま終わってしまう、そんな無意味な会話のことを指します。

私が指摘する雑談、または、余計なこととは、単に会話の空白を作らないようにするために、誰に対しても同じように浅く軽い話題を選ぶことです。

その受け答えで相手に対する興味・関心を示すことができないため、時間もチャンスも生かし切れることはありません。

「会話で必死に頑張る姿は恥ずかしい」「会話が面倒だ」「相手に根掘り葉掘り質問するのは、きっと迷惑だ」などと思う人もいるかもしれません。

確かに、必死な様子や根掘り葉掘りの質問は、人によっては場違いな雰囲気を醸し出していることもありますから要注意ですし、会話をするのが面倒という場面があることも、わからなくもありません。

また一方で、「頭がいいと思われたい」「頭が悪いとは思われたくない」「感じがよい人だと思われたい」「感じが悪い人とは思われたくない」などと願う人たちが多く存在しています。

そのため会話において、妙に気取って賢そうにふるまったり、ヘマをしないよう無難な話を選んだり、つっこんだ質問をしないように用心してしまいがちです。

ある意味では、「失礼のない人」として常識的なのかもしれません。

ただし、本当に大切に付き合いたい人との会話や、仕事上の明確な目的がある会話においては、リスクを恐れすぎたばかりに、自分にも相手にも記憶に残らないような会話ばかりをしていても、状況や関係が変わることはないと断言できます。

そんな会話をしているかもしれないあなた自身を、今ここで、客観的にイメージしてみましょう。会話の間、言葉選び、質問の内容や態度など、自分を賢そうによく見せることに必死なあなたの姿を思い浮かべてみて、いかがでしたか？

現実には、目の前の相手のために本気で会話をしない限り、相手があなたを特別に思うことはありません。

私たちは会話の相手に対して、「彼（彼女）は自分に興味がない」「私とは雑談ばかりだから早く帰りたいのだろうな」「私のことを見下している」など、ネガティブな感情を敏感にキャッチします。

そのため相手が表情にこそ出さなくても、雑談によってあなたから離れていってしまうかもしれないと考えてみてください。

このように、「雑談は無意味」といい続けている私ですが、雑談の代名詞ともいえる天気の話を完全に否定しているわけではありません。

マンションのご近所さんとエレベーターに乗り合わせたときは、「ゴールデンウィークに入ったというのに、今日は寒いですね」「本当ですよね」という会話を交わすことがあります。

こういう場合、それだけでもよいと思っています。

お互いにプライベートの住まいとして同じマンションに暮らしている以上、気持ちよく挨拶ができて、天気の話をするくらいがちょうど快適な距離感だと思えるからです。

読者のあなたも、あなたが暮らす地域の誰とでも深い関係になろうとは考えていないはずです。

本書では、あなたのライフスタイルの中で、大切にしたい人たちに絞って、雑談をなくし魂のこもった会話をしていくことを提唱しています。

単純なことなのですが、天気の話が一切なくても会話は成り立ちます。

繰り返しますが、私が強調したいのは、あなたが、仕事や人間関係において何かしらの具体的な目標（お客様に洋服を買ってほしい、商品を売りたい、人を紹介してほしいなど）を持っているのであれば、「雑談」の概念を１８０度、変えるべきだということです。

浅い話を引き延ばして、お互いに作り笑いをする時間は、もうあなたには必要ありません！

そこで、誰でも相手と出会って、「こんにちは」「今日は貴重なお時間をいただきありがとうございます」などと挨拶をした後、すぐに本題に入れる簡単なフレーズを紹介します。

たった3秒ほどの、簡単で便利なフレーズです。ぜひ感情を込めて音読してみてください。

〈すぐに本題に入れるフレーズ集〉

・「○○さん、ずばり一点伺ってもよろしいですか？」
・「○○さん、どうしても本日中に一点、ご提案させていただきたいことがございます」
・「このことを相談するのは、○○さん以外にいらっしゃらないと思って、どうしても今、お話ししたいことがあるんです」
・「○○さんとお会いできてよかった！　このチャンスを逃したくないので、今すぐ本題に入らせていただいてもよろしいでしょうか？」
・「今度、○○さんとお会いしたら、ぜひ確認させてもらおうと思っていたことが一つだけあるんです」
・「これは、まずい！　○○さんとお会いしたときは、お話が楽しすぎて、いつも時間が足りなくなってしまうので、まず一点だけ先に確認させていただきたいことがあるのですが、よろしいでしょうか？」

これらのフレーズには、「今、あなただからこそ、聞いていただきたい」という強い懇願と、「今すぐ話す必要性があるから」という、説得力のある理由が含まれています。

さらには、相手に対する感謝と尊敬の気持ちも込められています。

相手への関心と礼節を持って本題へ入れるように、〈すぐに本題に入れるフレーズ集〉を自在に使えるよう準備しておきましょう。

「雑談」をうまく切り上げる方法

あなたが誰かに「花粉症でくしゃみと鼻水が止まらなくて困ります」といったとしましょう。その直後、相手が「私もひどいんですよー！　私なんて花粉症歴はや20年！」とあなたから話題を奪い、延々と相手の話を聞くことになってしまったなどという経験はありませんか？

春に向かう時期になると、巷では花粉症ネタが溢れます。こういった「辛い」「酷い」「大変だ」といった話題になるときに注目したいのは、人はみな、自分の実体験を話したがるという事実です。

「花粉症が辛い」「風邪で寝込んだ」「インフルエンザで人がたくさん休んで、仕事が回らなかった」「転んで軽いケガをした」など、ちょっとしたアンラッキーな出来事を誰かに聞いてもらいたい、心配されたいなどと思っている人たちが、世の中にはたくさんいます。

先に話を始めたのに話題を奪われてしまっては、不満が募ります。

こういうとき、できるだけ早く話を終わらせてもらいたい（長引かせたくない）と、誰もが願っているのではないでしょうか。

もちろん、このような場合は話し手に問題がありますが、もしあなたが聞き手だとしたら、相手を傷つけずに、失礼にならないよう話を切り上げて、目的を達成するための会話へとあなた自身で方向転換をする必要があります。

私がおすすめしたいのは、相手の話の中で、自分が反応できる場面を見つけて、次の公式のように話してみることです。

〈相手に失礼なく話を切り上げるための公式〉

①共感・心配の一言（「それは辛いですよね」「それは心配です」など）
②即行動の提案（相手のためにベストなことを提案）
③即実行（具体的なアクション）
※文中の①②③は、それぞれ公式の①②③に対応しています。

（上司が花粉症の話を止めない場合）

「①課長、それは本当に辛いですよね（抑揚をつけてゆっくりと話す）。②そんなときは、1秒でも早く議題について決めてしまいましょう。③課長、まずこちらの資料の3ページをご覧ください（資料に手を添えながら）」

（帰り際に取引先の担当者が治りかけの風邪の話を始めてしまった場合）

「①加藤さん、まだまだお辛いときにもかかわらずお時間を作っていただきありがとうございます。②でもこういうときは早く帰って休んでください。今出られれば、次のバスに間に合いますから急いでください！　③さあ、コートに袖をお通しください（丁寧にコート着用をサポート）」

（部内の会議中、上司が風邪の引き始めで声がかすれてきてしまったといい出した場合）

「①それは心配ですね。②田中さんの喉の調子が悪くならないよう、今日は1分で役割を決めて、あとはメールでやり取りしましょう。③よろしくお願いします！　それでは（お辞儀をするアクションで「早速始めましょう」というサインを送る）」

（アシスタントが休んでいるため業務量が増えたことについて、同僚が愚痴をいい始めた場合）

「①そんな大変な中でもこんなに丁寧な資料を作成してくださって、さすが小野さん！　②あとは私がフォローしてまた連絡しますね。③それでは、エレベーターまでお見送りさせてください。さあ、どうぞ（エレベーターを丁寧に示して誘導しボタンを押す）」

相手が話している場面に割って入り、「早くお話を進めましょう」というのは失礼にあたりますし、余裕がない人、イライラしている人だと思われてしまうこともあります。

ですから先ほどの公式を参考にして、ごく自然な流れで相手を誘導してみましょう。

重要なことなので繰り返しますが、相手への共感や心配を、提案と実際の行動で示すという点に着目していただきたいのです。

「辛い」「大変だ」といった話題ではなく、うんちく中心の雑談を切り上げるには、「うわぁ、勉強になりました！　ありがとうございます！」と明るく伝えることをおすすめします。「勉強になります」では、相手がもっと話そうと意気込んでしまいそうなので、「勉強になりました」といって「全て聞かせてもらいました」とアピールすることが必要です。

何らかの不調やストレスを感じている相手への共感なしに、「早くお話を進めましょう」などと発言すれば、相手は不満を持つと同時に、あなたに対して、冷徹で余裕がなく、気が利かない人という印象を抱いてしまいます。

「それは大変ですよね」「辛いですよね」「そんな中、お時間を作っていただき恐縮です」などといった言葉は、ぜひ加えてみましょう。

弱音や愚痴は、誰にだってあるものです。もしも自分がそのようなことを話す場合には、15秒以内で話して、「聞かせちゃって、ごめんなさいね！」と明るく伝えてみるのはいかがでしょう。そして「本題に入りましょう！」と、自分から切り上げれば、相手へのストレスもほとんどないでしょう。相手の雑談も、自分がしてしまった雑談も、あなた自身で切り上げられたらかっこいいですね！

手を止めて雑談をする美容師にはなるな

どうでもよいことを長く話す人に頻繁に出くわすという人がいたら、それは普段から、あなたが周囲への気配りができていて、親切でお人よしだからかもしれません。

一方で、相手の雑談を切り上げられず、相手に好きなように話をさせてしまって、あなた自身が時間をうまくコントロールし切れていないということも考えられます。

延々と雑談をする人というのは、自分のことを客観的に見る習慣がないのと同時に、相手に対して、「この人は話を聞いてくれるから大丈夫」と油断しているケースがあります。

つまり、あなたが話を切り上げる決断力がない人とみなされているに等しいのです。

相手を思いやって話を聞き続けることで、「私は親切な人だ」「聞き上手だと思われているのかな」などと高く自己評価していませんか？

実際は、あなたが相手にとっての「少し緊張させる人」（70頁）になれていないだけなのかもしれません。

私たちのほとんどが、生活をしている中で美容院に行ったり、病院へ行ったり、調剤薬局に薬を取りに行ったり、マッサージに行ったり、女性でしたらネイルケアをしにネイルサロンへ行く人もいるでしょう。

私は、行く先々で、それぞれの場所のプロたちが仕事の手を止めてまでどうでもよい雑談を始める場面に出くわすと、ものすごく大きなストレスを感じます。

そもそも美容院もネイルサロンも、1時間以上、じっと座っていることだけでも苦痛です。そのうえ、毎回そこで雑談をすることも苦痛です。

けれども私の場合、わがままなのですが、ごくたまには人と話したい気分のときもあります。

多少の会話をしてもよいけれど、普段から仕事で相手の話を聞くことが圧倒的に多い私は、美容院やネイルサロンなどで相手の雑談をじっくり聞きたいとは全く思っていません。

しかし、「鈴木さんは、どうですか？」などと私が話をふったとたん、仕事の手を止めてまでジェスチャーを使って、一つのことについて10秒以上も話をする人がいます。

こういうとき私の頭の中では、ストップウォッチが作動します。

1秒、2秒……苦痛なときが早く終わらないか、手も一緒に動かしてくれたらよいのに、なぜこの人は私が早く帰りたいのがわからないのだろうか、と内心は不思議な気持ちでいっぱいです。

お客様に話をふられるたびに、仕事を忘れて夢中で話すことはサービスではありません。

会話をしながらもしっかりと頭と手を動かして、求められているサービスを確実に速く提供することがプロの力量です。

話が好きな人もいれば、私のような人もいるということを理解して相手に合わせて会話のボリュームを調整してほしいと切に願います。

以前、私の仕事相手との会話で、相手が一頻《ひとしき》り話をされたときのことです。

私　「田中さん、相当、このことを誰かに話したかったのですね〜」
相手「もう、やだ。ごめんなさい！　話、長かった？」
私　「はい。昨日、田中さんが出会ったという感じの悪いタクシー運転手の話だけで今日が終わってしまったらどうしようかと思いました」

相手「ははは！　もう満足です」

私「田中さんは、感じの悪い人に会ったことも、こうして明るく話せるところが素敵なのです！　そうそう田中さん、この後新橋で次のご予定もおありでしょうし、今日は○○のことをそろそろ決めてまいりましょうか？」

それまではしっかりと話を聞いていたけれど、最終的には、「そうそう」とふと思い出したかのようなニュアンスで、相手に本題を切り出して会話を持っていきたい方向へと動かしたという事例でした。

また、取引先の女性リーダーMさんは、打ち合わせ中に場が和み、冗談で笑わせてくれている男性上司の方へ、「早川さん（上司）、そろそろよろしいですか？」と、きっぱりおっしゃいます。

すると、男性上司の方が、「はい！　もう十分ですよね」などといって、さらに笑いを取る中で、「早川は人がよくて、どうでもよい話が長くなってしまうこともありますが、決断力の速さは社内一なのでご安心ください」とフォローするMさん。

お見事です！

もちろん、お二人の信頼関係があって成り立つ会話ではありますが、Mさんのようなフォロー上手になりたいものです。

まずは時間について、はっきりと指摘をしてから、相手の強みを引き出しつつ、着地点へと落とし込めたらベストです。

例えば、「渡部さん独特の話術に引き込まれちゃって、ついこのまま1時間経ってしまっては困りますから、まずは会議を進めてください！」などと敬意と愛嬌のある着地点に落とし込んだり、「野村さん、10秒ほど私にも喋らせていただけませんか!?」と、きっぱりといいつつ笑いを取るのもよいかもしれません。

とはいえ、こんなふうに笑い合える関係性の人ばかりではありませんし、立場上、上司やお客様に対しては、やりすぎだという場合もあります。

ただ、はっきりと「あなたは話が長い！」「大変、もうこんな時間だ！」などと伝えることで、わだかまりを残さず、笑いで問題が解決できることもありますから、今一度、相手や状況をよく観察してみる価値はあります。

この「雑談を切り上げる」というのは、相手の気持ちを害するのではないかと、必要以上に警戒する人が多いかもしれません。

それでは、次のことを頭の中で想像してみてください。

あなたが仕事の大事な話をまとめないといけない場面において、誰かの雑談や、余計な話を切り上げられず、終了時間が迫っているという状況です。

結局、目的が果たせなければ、仕事の決断力や時間管理能力が低いと評価されてしまうのは、残念ながらあなたなのです。

気持ちよく話をしている人を、傷つけないように誘導し雑談から抜け出すことは、相手の時間を奪わないためだけではなく、自分の身を救うことにもなり得ます。

そして話を戻しますが、美容師やネイリストなど一人のお客様と長い時間、近い距離で仕事をする人たちは、お客様にふられた話や質問に対して、まずは3秒以内に答えるという練習をしてみてください。

3秒以内に答えた後は、「お客様の場合は、どうですか？」と、同じ質問や、別の気の利いた質問で、相手に会話のバトンを返すのです。

「お客様との雑談を盛り上げなくては」「お客様は、プロである自分の話をたくさん聞きたいはず」「接客業だから会話を続ける雑談スキルが必要」などというのは、はっきりいって間違いです！

会話の長さよりも、仕事の速さと丁寧さ、そして温かいおもてなしでお客様を満足させることができれば、お客様の心が離れることはありません。

話したいことの5割をカットせよ

ここ数年、「断捨離」という言葉をよく耳にするようになりました。

もともとはクラターコンサルタントという肩書で活躍されている、やましたひでこ氏の造語だそうです。

「クラター」というのは「がらくた」という意味で、「モノの片づけを通して自分を知り、心の混沌を整理して人生を快適にする行動技術」というのが断捨離なのだとおっしゃっています。

断捨離を実践してみると、持ち物の9割以上が不要なゴミだったという人も中にはいるそうです。

長い間捨てることを決断しなかった、本当は不要なガラクタを整理することで生活空間が広くなり、気持ちにも余裕が持てることは簡単に想像することができます。

私自身はイメージコンサルタントとして、主にビジネスパーソン向けにプレゼンテーション（以下、プレゼン）のコンサルティングをしています。

その中で、プレゼンにも断捨離の考えと共通する点があると考えています。

それは「話したいことの5割をカットする」ということです。

「半分も省いてしまうなんて多すぎる」と思われた方もいるかもしれません。

けれども、無意識に話をしている場合、その5割近くは言葉にしなくても全く問題のない内容であることがほとんどです。

例えば、ホテルの予約係の事例を挙げましょう。

お客様「1月3日から1泊で、大人2人でスタンダードの部屋の予約はできますか？　新年の休みで宿泊できるのが、この日だけなので1室でも空いているとよいのですが……」

予約係「大変申し訳ございません、残念ながら1月3日からの1泊のお部屋は、すでにご予約がいっぱいで満室でございます。翌日の1月4日、または5日からの1泊でのご宿泊でしたら、まだお部屋に空きがございます。ただそれぞれのお日にちで、空室はあと2室のみとなっています。

ご予約が集中してしまう時期ですので、お急ぎいただき、すぐにでもご予約いただければ、まだお取りできるかと思います。

ちなみに、最後の2室はスタンダードのお部屋で、ツインベッドのタイプでございます。禁煙室、喫煙室のどちらもお選びいただくことはできますが、いかがでしょうか？」

以上の会話の中で、カットすべき情報はどの部分だと思いますか？

その答えを導き出す前に必要なのは、予約係が伝えるべき情報、つまりお客様が求めている「ずばりの答え」は何かということです。

その答えは「1月3日から1泊、大人2人でスタンダードの部屋は予約できるか」という一点です。

もともとお客様のほうは、新年の休暇で宿泊できる日は、「この日だけ」とはっきりと伝えていたはずです。

ですから予約係が話した内容でカットしてよい部分は、「翌日の1月4日、または5日からの1泊でのご宿泊でしたら」というところから、最後までの情報です。

相手の求めに従って簡潔かつ正確に答えるとしたら、次の内容がベストです。

予約係「お問い合わせいただきまして、ありがとうございます。大変申し訳ありません。残念ながら1月3日から1泊のお部屋は全てのタイプで満室でございます。キャンセル待ちなら承れるのですが、ご予約の確約はいたしかねます。せっかく、お問い合わせいただきましたのに恐縮なのですが、いかがいたしましょう？」

まず、あなたの話す内容が常に相手の質問や問題に対する「ずばりの答え」であるかどうかの疑いを常に持ちましょう。

お客様の求めていることが実現できず、なんとか代替案を示そうとする姿勢は素晴らしいと思います。

ただ、会話をカットする前の「予約係」の代替案を思い出してください。

あのように、相手が確実に選択することができないことを提案しても、それは無意味かつ時間のムダで、むしろ不親切でしかありません。

メールにおいても然りです。以前、私のクライアントが、あるプロジェクトで必要なノベルティーグッズをオーダーするため、製造会社へメールを送ったときのことです。

クライアントが誤って、すでに先方に質問していた内容と同じ内容のメールを送ってしまったそうです。

すると製造会社の担当者の返信メールは、「○○に関するご質問については以前も回答させていただいた通りです」という内容だけで、以前に送ったメールを自身で確認することを促す文面だったそうです。

ちなみに、クライアントが二度送ってしまったメールの質問は、「ある」「ない」と答えてもらうだけで済む内容だったそうです。

製造会社側の担当者が、お客様に対してもう一度、「ある」「ない」のどちらかで返信すれば済むことではないでしょうか。

そういったメールを送信したノベルティーグッズ会社の担当者の不親切さと無意味なプライドの高さに驚きました。

「はい。〇〇に関しては可能でございます。もし、またご質問がございましたら、お知らせください」という返信内容がベストであり、お客様に対する態度としては、それが基本なのではないでしょうか。

相手への姿勢の根本的な見直しと、ビジネス文章能力の鍛え直しを願うばかりです。

余計なことをカットし、話したいことをシンプルにわかりやすくするには、大きく3つのポイントを押さえましょう。

①相手が求める「ずばりの答え」を一言で出す
②アイディアや代替案は相手が選択できる範囲内にとどめる
③プラスの感情（感謝・感激）を伝える

③のプラスの感情を伝えるとは、相手に不快な思いをさせない表現をすることです。

「お問い合わせくださいまして、ありがとうございます」「弊社をお選びいただきまして、大変光栄でございます」などです。

逆にマイナスの感情を伝えるのは、先ほどの製造会社担当者の事例のような表現です。「以前にも申し上げましたが」「お忘れのようなので再度申し上げます」「何度も話していますが」「ですから」などが代表例です。

もし、そのようなフレーズを使ったとすれば、「何度も同じことをいわせるな」というイライラを相手に直接ぶつけ、器の小ささをアピールしているにすぎません。

こういう場合、相手にも事実確認をお願いできて、さらには相手を責めず、謙虚さをも伝えることができる方法があります。

「以前に、一度説明をさせていただいたことがございましたが、私の説明がわかりづらかったのかもしれません」といった前置きを加える方法です。

日本に特有のように感じるのですが、「自分には非がなくても相手を立てる」という姿勢が評価される傾向にあります。ただ、欧米では、仕事面で自分に非がない場合に、「私も悪かったかもしれません」などというケースは、あまりないといえるでしょう。

イライラをぐっと抑え、感情的なフレーズをカットできれば、あなたはとても賢く洗練されたビジネスパーソンという印象を持ってもらえるはずです。

仕事のプレゼンや、商品説明などの冒頭で「それでは、早速ですが商品説明に入らせていただきたいと思います。画面に注目してほしいと思います」などと、「思います」を連続で使う人がとても多いことも気になります。「思います」はムダな言葉でしかありません。このようなムダで余計な言葉をあなたも発していないか、ふり返ってみてくださいね。

相手が求める「ずばりの答え」に集中し、不要な言葉や内容を5割カットする意識があれば、あなたの言葉はいつだって、親切で、わかりやすく相手に伝わるのです。

話しかけるタイミングを見極める

世の中には、話しかけるタイミングを見極めるのが上手な人と下手な人の2種類のタイプがいます。

あなたが雑談をやめて、相手との会話を充実させる準備ができたとしても、話しかけるタイミングによっては会話を台無しにしてしまうこともあります。

例えば、次のようなタイミングで相手に話しかけることは避けましょう。

・相手がフォークやスプーンに食べ物をのせているとき
・相手が今にも食べ物を口に入れようとしているとき

・相手が食べ物を口いっぱいに入れて咀嚼《そしやく》しているとき
・相手がストローで勢いよく飲み物を飲んでいるとき
・相手の携帯電話に着信があって「もしもし」といっているとき
・相手がPC作業中でタイピングの音が途切れず続いているとき
・相手が咳払いをしているとき
・誰かと話が盛り上がっているとき

私は今まで何度か、これらのタイミングで、レストランの店員や、ばったり出会った知人に話しかけられたことがありました。

ある日、レストランでランチをしていたときのことです。

食べ物を口いっぱいに入れた直後に、「お客様、デザートをお持ちするタイミングは、いつぐらいがよろしいでしょうか?」と聞かれたことがありました。

その質問をする前に私に話しかけるタイミングを考えて！ といいたかったのですが、咀嚼中のため、私は手で「ちょっと待ってください！」というジェスチャーをしてみせました。

その直後、その店員が恐縮した様子もなく立ち尽くし私の返事を待っている姿に、イラッとしたのを覚えています。

さらに同じ店員が、一度ならず二度までも同じような悪いタイミングで私に話しかけてきたので、私は口の中の食べ物を最速で咀嚼し飲み込んでから、その人に一言伝えました。

「失礼ですけど、食べ物が口に入っているときに話しかけるのは控えてもらえますか？　そういうときは話せるタイミングではないですよね？」

するとその店員は、ハッとした様子で私にお詫びをしてくれましたが、そんな基本的なマナーがわからなかったことに驚きましたし、こんな余計なことで食事中にストレスを感じるのは、もう懲り懲りです。

相手の状況を全く考えず、自分の都合だけで話しかける人は、相手に対して、「配慮がない、気が利かない、興味がない」というふうに思われても仕方がありません。

私はこれを、「3つの要素が足りない」という意味で、「ない」を「N」として省略し、「3Nな人」と呼んでいます。

接客業ではもちろん、大切な人との人間関係の中で、私自身が「3Nな人」とならないよう常に気をつけて過ごしています。

会話の最中に割り込んでくる店員にも、同じことがいえます。

もちろん、店員の立場からすれば限られた時間の中でサービスをするわけですから、お客様の会話が途切れるのを見計らって話しかけていては、仕事が回らないこともあるでしょう。

そんなとき、話しかけるタイミングの上手な店員は、こんなことをします。

まず、お客様に話しかけてもよい時間を作ってもらえるよう、声をかける前に、お客様にぐっと近づきスタンバイします。

方法は、片足を一歩ずつ、相手の視野に入るエリアに進めるだけです。

このように声をかける前に、相手から見て、やや前のめりになった姿勢で相手の視界に入り込んでいくのです。

そして、「話しかけたいので、あなたのタイミングをお待ちしております」というシグナルをアイコンタクトと全身（上半身を前に傾けたり、頭をやや傾けた状態で立つと認識されやすい）で送り続けます。

さらには、穏やかな表情で相手を見つめ、目が合うのを待ちます。

そうすれば、お客様が店員の気配に気づき、話しかけてもOKのタイミングを店員に示してくれるはずです。

商談がのってきたときや、デート中に相手と見つめ合っている時間は、誰しも邪魔をされたくはありません。そういうときに、自分の都合だけで、「お待たせいたしました。本日のスープの『ごぼうのポタージュ』でございます。こちらのごぼうは私どものレストランと直接契約している農場の……」などと大きな声で、ずけずけと話しかけてくる人に対しては、明らかに不快感を覚えます。

　レストランに限らず、「相手に話しかけるタイミングがつかめない」という人は、意外にもたくさんいます。

　そこで改めて知ってほしいことは、話しかけるタイミングとは、あなたが話しかけたいタイミングではないということです。

　それは、相手が「今だったらいいよ」と思えるタイミングでなくてはなりません。

「ちょっとよろしいですか？」と話しかける場合も、相手を驚かせないように、言葉を発する前から、先ほど紹介したように相手の視野に入り込む仕かけが必要です。

　先日、私が街を歩いていたときのことです。

　私の後ろを歩いていた男性が、私が落としてしまったキーホルダーを拾って、「すみません。落とされましたよ」と、それを渡してくれました。

　そのとき、彼は早歩きをして私の少し前に出てきて、お互いの顔が確認できる位置で話しかけてくれたのです。

　声を発する前から、私を驚かせないように配慮してくれたのだと思います。

　もしも姿も気配も全く感じられず、真後ろから近い距離で声だけが聞こえてきたとしたら、私には一瞬、緊張が走るでしょう。

声をかける前に、相手に姿や気配、視線をしっかりと感じ取ってもらえるポジションに入り込むことの効果を実感しました。

また、怒り心頭に発している相手に話しかけるときは、相手が一頻り話し終わるまで、相槌をうちながら真剣に言葉を受け止めつつ、待ってみましょう（細かいタイミングとしては、荒かった呼吸がゆるやかになり、息を吐き出し切ったときが目安）。

スマートに話しかけることができるように、相手の一瞬一瞬の言葉や動きを観察して、「今がチャンス」というタイミングを計るのです。話しかけるタイミングというのは、あなたが話す内容と同等のインパクトを相手に与えているのですから。

話しかけるタイミングがつかめれば、その後の会話は、半分成功したといっても過言ではありません。

会話は、言葉だけに頼るのではなく、体や雰囲気に至るまで全てを駆使して表現するものであると考え、声を出す前にできることを探り、それを実践してみましょう。

当たり前のことばかりを発言するな

「情熱を持って仕事をしないとだめだと思います」
「人生は楽しむべき」

「一日一日に感謝するべきです」

「仕事はしっかりやらなくてはいけない」

あなたも、いずれかのセリフを、一度は誰かから聞いたことがあるのではないでしょうか。

いずれも、誰にでも当てはまるような人生の哲学的な内容です。

世の中には、あえていわれなくてもわかるようなことを、「〜すべきだ」「〜しないとだめだ」などと講義をしているかのように何度も何度も発言したがる人がいます。

話している本人は、大事なことを伝えようとしているつもりなのですが、聞き手からすると、「あなたにいわれなくてもわかっている」「何度も同じことをいわれたくない」と、疎ましく思い、お節介を飛び越して、迷惑に感じてしまうこともあります。

相手の性格や状況、経験や経歴、お互いの置かれている立場など一切無視して、わかり切っているようなことを自信満々に伝える言動には注意が必要です。

結局、雑談をしているのと変わらないほど、意味のないことを相手に発信していることになります。

たとえ、あなたが有言実行で、努力を惜しまず結果を出し続けている人であったとしても、「〜すべきだ」「〜しないとだめだ」といった類の発言によって相手の行動を変えることは、ほぼ不可能です。

なぜならば、私たちは常に自分が納得したうえで、考えて行動して生きていきたいと願っているからです。

当たり前のことは、自分自身にいって聞かせるにはよいのですが、人に話すとなると、相手を小バカにしているようにも見えてしまいます。

「だって、人生は短いんだから楽しまなきゃ！」

と、飲み会の席で誰かにいわれたとしましょう。

あなたは、何を感じますか？

発言している相手にもよりますが、なんて素晴らしいことをいう人なんだ！　といった称賛の気持ちよりも、「ここは、とりあえずうなずいておこう」といった、面倒な人に付き合わされてしまっている感覚になることが多いのではないでしょうか。

当たり前の正論こそ、なかなか実践できないこともあるので、つい口にしたくなるのもよく理解できます。だからこそ、もし当たり前のことを相手に実行してほしいとすれば、伝え方が大事なのです。

そこで、「人生は楽しむべきですよね」という一言を、「人生をもっと楽しめるようになれたらいいなあ」と、自分にいい聞かせているような、前向きで、人に押しつけない言い方にすることも一つのアイディアです。

あるとき自宅マンションのリフォームの相談で、建築家の男性と話をしたときのことです。

素人の私は、「この棚を広げられないか」「この壁を取り払えないか」などと素材の耐久性や構造、建築法に基づくルールなどを一切知らない状態で、知りたいことを好きなように質問していました。

すると、建築家の男性は、私の気持ちを汲み取って、毎回穏やかに「そうですよね〜」などとまずは共感してくれるのです。

その後、方法はあるが強度の問題があるため、見た目がごっつく変わってしまうとか、Aはできるけれどもは可能性はゼロだなど、きっぱり話をしてくれました。

例えば、「そうですよね〜。こちらの棚を広げられたらキッチンでの作業がしやすくなりますものね」「確かに！　こちらの壁は中途半端ですから取り払いたいのはわかります」など。

専門家の彼から見れば、建物の構造を理解していない素人が無理難題をいっていれば、いくら慣れているといっても、多少はイライラするはずです。

しかし、こちらの意見や質問を邪険に扱うことなく、共感し認めてくださったことで、私からすれば、「この人だったらなんとかしてくれるかもしれない！」という信頼感と期待感が高まりました。

ご自身の専門分野を説明できる専門家は大勢いますが、相手の話を受け止めつつ、相手に合わせた気持ちのよい反応（説明や説得）ができる専門家は、そう多くはないでしょう。

相手の話すことが正しいか間違っているかという判断基準だけで会話をしていると、言葉にとげが出てしまいます。

けれども相手の話すことに対して、「相手の思いを理解してみよう」といった姿勢でやり取りができるセンスがある人というのは、仕事でも人間関係でも「次へ繋げる」チャンスに恵まれるに違いありません。

世の中には、「専門家である」「学歴が高い」「社会的な肩書がある」「相手よりも年上である」「お金がある」「名家の出身である」というような条件で、自分自身や他人を評価し、そういう人を知り合いやパートナーや家族に持っていることで、特別で、すごく偉い人になったかのように勘違いをしてしまう人たちがいます。

自己満足は幸福感に直結するので、本人の中だけで思いに浸ることは大いに結構です。

ただ、人の気持ちを動かし自分の人生をよい方向に導くのに必要なのは、相手に心地よく感じられる伝え方です。

自分の持つ物差しで相手を測り、「こんなことも知らないのか」という態度で人と接していても何の得もありません。

人に自慢できるほど、あなたが何かを「持っている人」であればあるほど、それらを「持っていない人」と同じ目線で話ができるセンスに磨きをかけて、より人としての魅力を深めていただきたいと願います。

100の資格や社会的地位など、あなたが「持っているもの」よりも、世の中と相手が評価しているのは、あなた自身が行っている「伝え方」なのです。

この瞬間から、自分が「当たり前」のことを発言していないかをふり返り、相手への共感をベースに、意見を伝えられる人になることを目指してみませんか！

アピールではなく「提案」をせよ

私が会社を辞め講師として独立して間もない20代後半のころの、お恥ずかしいエピソードがあります。

講師の仕事に繋がればとのご厚意で、人材会社の知人が社員研修に力を入れたい意向のある企業の社長を私に紹介してくれたことがありました。

そのような状況に不慣れだった私は、終始、その社長のお話を聞くことだけで精一杯でした。初対面で自分をアピールすることに戸惑いもありましたが、せっかくの機会なのに何もアピールができなければ、その時間には何の意味もありません。

結局、私は自分の強みや仕事の提案を伝えることも、気の利いた質問もできずに、会議室を後にしました。

その帰り道、人材会社の知人が、「吉原さん、どうして仕事を取りつけないの？『まずは、2時間の研修から試されてみませんか？』って聞いてみたらよかったのに。もっとアピールしないと仕事は取れないよ」とアドバイスをしてくれました。

まさに、おっしゃる通りです。

話をじっくりと聞くだけでは何も始まらないという、ありがたい指摘を受けて以来、どのような打ち合わせにも、事前に明確なゴールを設けて臨むようになりました。

このエピソードは、アピールと謙虚さの加減がよくわからないという就職活動中の学生や、新人社員などに話すこともあります。

そもそも、人と会うときに自分のアピールをすることが失礼という考え方自体が間違いだったのです。

「アピール＝図々しく自分を売り込む」という考え方が、かつての私にはありました。けれども、その公式を、「アピール＝目の前の相手のニーズに合わせて、自分が貢献できることを示す」というふうに置き換えてみたのです。

すると、自分のキャリアや経験について話すことへのためらいは、自然と消えていきました。

私の場合、例えばこれまでに出版した著書や、講師として実施した研修やコンサルティングの内容についての説明が、自分の強みを知ってもらうときには不可欠です。

これまでは単に図々しい人だと思われたくなくて、恰好をつけていたのかもしれません。

しかし、先ほどの公式を意識して以来、相手の話を聞くことと、自らがアピールすることのバランス感覚が格段によくなっていくのを感じることができました。

まず、「あなたのニーズに合った提案をさせていただくために、あなたのことを教えてください」という視点で質問をします。

そして、自分自身が相手にとって信用に値する人物だと感じてもらうのに必要なだけの「自分の話（自分にできること）」を、詰め込みすぎずコンパクトに行うのがバランス的にベストといえます。

例えば、あなたの仕事がウェブデザイナーだとしましょう。相手があなたに対して、自社のホームページ制作を依頼する場合、常に次のような疑問を抱いているはずです。

- 「具体的に何ができる人なの？」
- 「この人に任せるメリットは何？」
- 「どの程度の技術レベルなの？」
- 「料金はいくらかかるの？」

・「制作期間はどのくらいかかるの？」
・「信頼するに値する実績を持っているの？」
・「イメージをデザインに反映できる理解力やセンスがある人なの？」
・「制作後のメンテナンスもお願いできるの？」

仕事で誰かと出会うたび、相手があなたに対して懇切丁寧にこのような質問をしてくれるわけではありません。自ら積極的に、先回りして相手が知りたがっていることを説明していくことが求められます。

以前、自社商品のショッピングサイト開設の相談で、数社のウェブ制作会社の方とお会いしたときのことです。

A社の営業マンは、事前にメールで伝えていた弊社のイメージに合うトップページサンプルを資料として持ってきてくれました。

準備してきてくださったのは嬉しかったのですが、「スタイリッシュというイメージで作ってみました」といって、一般的なイメージ画像を組み合わせたプランを見せてくれただけでした。

また、A社が手がけたいくつかの事例を見せてくれたのですが、私の会社の商品やターゲットとは全く異なる事例ばかり。

さらには、A社のプランでのイメージ効果や購入に繋がる数字、集客分析などの情報と照らし合わせた具体的情報や提案はありません。

自分たちが作ったプランを視覚的に「きれい」に見せて終わりといった提案内容に、残念ながらA社に依頼するメリットを明確に感じ取ることはできませんでした。

次にB社の営業の方は、一般的な事例の話ばかりで、こちらから具体的に質問しないと、私が求めているサイト作りの情報は得られませんでした。

提案内容も、「私たちの得意分野でもあるのですが、一般的には、こちらのプランがおすすめです」「一般的には、こういったデザインが今の主流で、私たちも事例をたくさん持っています」などと、あくまで「自分たちの得意分野」と「一般的」な事例のオンパレードなのです。

私自身も気をつけていますが、提案をする場合は目の前の相手のためだけに絞り出したアイディアでなくては、相手に決断させることはできないでしょう。

売り上げと顧客満足に直結するサイトでなくては、限りある貴重な時間とコストをかける意味がありませんから、シビアになるのは当然です。

そして、最終的に私が依頼した会社はというと、弊社のブランドコンセプトや顧客の属性、関連するマーケットを把握したうえで話ができたC社だったのです。

C社は、見た目のデザインだけではなく、私たちでも簡単にサイト内の情報更新がしやすく、顧客側が必要としている機能を分析し、ミニマムな構築設定を提案してくれました。例えば、お客様が迷わず商品を購入できるページレイアウトやボタン設定、購入までの簡単なプロセスなど、見た目だけではなく、「運営側」と「買い物をするお客様側」の使い勝手を重視して徹底的にシンプルにした内容だったのです。

同じ制作会社なのに、ここまで提案力に差があることを興味深く感じました。

それと同時に、仕事でプランを提案するときに、「だから私を選んでください！」という動機を与えられれば、誰でも成果を出すことができるはずだと確信しました。

まずは、「私は」「私どもは」ではなく、「○○さま（相手）は」という、相手第一のフレーズで話し始めることを徹底してみましょう。

相手の要望と、自分が持つ強みを結合させながら提案に持っていくことが重要なのです。

「今回オープンされる鈴木さまのレストランのコンセプトは、『モダン　ジャパニーズ』ということで、海外からのお客様の集客にも力を注がれていらっしゃいますよね。そこで、私たちの強みでもあります海外飲食店サイトの制作と運営実績から、『これだけは導入していただきたい！』という効果的な2つのシステムを説明させていただきますね」

繰り返しますが、知っていることを話すのは誰にでもできます。

けれども、あなたの知っていることで相手に役立つことを、相手の立場に立った表現で伝えることができる人というのは、まだまだそう多くはいません。

もしそれが実行できたとしたら、あなたは今いるコミュニティーの中で、少しずつ特別な存在へと変わっていけるでしょう。

相手の話したことを「引用」せよ

あなたは、本書を読む前にどなたと会話をしましたか？

そのときに相手が話したことを、一部でよいので復唱できますか？

全ては復唱できないにしても、何を話し、相手が何を伝えたかったかという大まかな枠組みは覚えているのではないでしょうか。

相手の話していることを、すぐに復唱できるほど話を集中して聞くことは、話す内容を決めることと同じくらいに重要です。

そして意識したいのは、相手の話したことの中から、「引用（相手の言葉をそのままいう）」する価値のあるキーワードを見つけて頭にストックしておくことです。

会話の中で、相手が話したことを引用すれば、あなたは相手から、「私の話を重要だと思ってくれている」「私のことを大切に考えてくれている」などと思われます。

例えば、相手の話を受けて、次のような反応をするのです。

・「先ほど田中さんがおっしゃっていた、『生産性のある働き方』というキーワードがまさに、重要であると私も感じています。そこで、生産性を上げるための施策としては……」

・「田中さんほど統率力のある方が『改革』とおっしゃるたびに思い浮かぶのは、効果的なある一つの提案です。それは……」

・「お客様が『疲れ切った状態で21時前後に帰宅することが多い』とおっしゃっていたことと、食事に対する熱い思いから、ぜひ提案させていただきたいキッチンリフォーム案がございます。それは……」

いかがでしょうか。

これまでにもすでに、相手の言葉を引用した経験がある人も多いかと思います。

ただ、これからはより意図的、かつ効果的に相手の話したことを引用してほしいのです。

引用とは、相手の発した言葉に限りません。

例えば、次のような事例です。

・「どれだけハワイ旅行が楽しかったかは、近藤さんのその笑顔を見たらすぐにわかります」
↓表情のインパクトを引用
・「先日のお見舞いでは、田中さん直筆のお手紙までいただいてありがとうございました。丁寧に書かれた文字を拝見しただけで、田中さんのお気持ちがじんわりと伝わってまいりました」↓文字の丁寧さのインパクトを引用
・「いつも同期会のセッティングをしてくれてありがとう。雰囲気も味も最高のレストラン選びをしてくれて、吉田くんの段取り力には脱帽だよ」↓プロセスに対する細やかさを引用

このように言葉の情報以外からも、相手の人となりや心遣い、物事に対する姿勢やポリシーなどを垣間見ることができますから、そういった情報も積極的に引用してみましょう。

これまで、このように引用を意識してこなかった人は、まだまだ相手の言動を細かく観察し切れていないはずです。

会話の中から引用する技術力を高めるには、相手が普段、何気なくしていることに関心を持つことが大切です。

「引用」を目的として相手を観察することで、嫌いな人や苦手な人に対しても、気の利いた一言をかけやすくなるというメリットも生まれます。

最後に、実は誰にでもできて簡単に引用効果が得られる方法があります。それは会話の中で、相手の名前を引用することです。これはすでに多くの人たちに知られている方法です。

しかし、実際のビジネスシーンでは、まだまだ、この手法をモノにし切れていない人が多くいます。

つまり、「わかっている」けれども、実行していない人ばかりなのです。

「お互いによく顔を合わせているから」とか、「短い会話時間だから」といい訳をせず、あなたにとって大切な人といるときや大切な場面では、常に相手の名前を意識して呼んでみましょう。

エレベーターのドアをあなたのために開けてくれている後輩に対して、「ありがとう」ではなく、あえて「山田くん、ありがとう！」と、名前を引用してみましょう。

たったそれだけでも、いわれた側の人は、一瞬の出来事の中でも自分に対して丁寧に対応してくれたと喜んでくれるはずです。

お互いのことを「引用」しない会話ほど、薄っぺらく、ムダなものはありません。

相手が大切にしているキーワードを会話の中から発見し、「引用」し活用していく行動力こそ、あなたが相手を認め、大切にしていることを伝えられる大きなチャンスを生むのです。

趣味がなければ1年以内にチャレンジしたいことを語ろう

「趣味」といえば、雑談の代名詞ともいえるほど浸透している話題です。自分の好きなことや得意分野などは話しやすいですし、仕事ではわからない、その人のライフスタイルに対する価値観や、プライベートを垣間見ることができます。

そのため、あなた自身も経験があるように、趣味の話題はコミュニケーションの中でも幅広く活用されています。

それと同時に、趣味について語り出したとたん、ノンストップで話し続けてしまう人が多いのも現状です。

話をしている時間、すなわちプレゼンの時間への意識と、相手への細やかな配慮がないと、「単に話したがり」といった印象しか与えられないので、注意が必要な話題でもあります。

そして、「趣味がある人＝人生を謳歌している人」などというイメージを世間では持たれがちです。ですから、趣味がない人は肩身の狭い思いをすることもあるかもしれません。

けれども、趣味がない人も堂々と胸を張って、「今はないです！」と明るく話せばよいと思うのです！

きっと、趣味がない人でも、「好きなこと」「リラックスできること」「普段の生活の中でこだわりがあること」「ゆるく続けている健康法」などというふうに、質問を置き換えて考えてみると、何かしら語れることがあるはずです。例えば、次のような内容です。

・「毎日、玄関の鏡だけはピカピカにして、前向きな気持ちで出かけるようにしている」
・「寝る前の1分間の開脚ストレッチだけは欠かさないので体調がよい」
・「毎朝、ヨーグルトと一緒にドライプルーンを3粒食べるのが元気の源」
・「駅の階段は一段抜かしでのぼることを徹底している」
・「ベランダで家庭菜園をしているためバジルとトマトはお店で買う必要がない」
・「現在使っている傘は20年目で物持ちがよい」
・「3カ月に一度は手作り料理で友人をもてなすホームパーティーを開いている」

このように、何気ない生活習慣の中にさえも、独自のこだわりが見えてきて面白いものです。茶道、油絵、料理、乗馬など優雅で立派に聞こえる趣味がなくても、相手との話題に事欠くことなどありません。

また、生活習慣の中にもエピソードが見つからない場合は、「1年以内にチャレンジしたいこと」を探しておくことをおすすめします。例えば、次のような内容です。

・「パン教室に通ってクロワッサンを焼くのが得意だといえるようになりたいです」
・「1年で、体脂肪率を2%下げるのを目標に、パーソナルトレーナーをつけてトレーニングするために情報をリサーチ中です」
・「ゴルフに興味があり、一度レッスンを受けてみようか検討しています」
・「来年はスペインで一人旅をしてみたいので、スペイン語を習い始めたいと考えています」

実際にはまだ何も着手していなくても、チャレンジしたいことがあれば、十分に話は盛り上がります。

このような、チャレンジしたいことを聞いた人は、「私もパンが大好きなんです！」「今も何かトレーニングをされているのですか？」「一緒に（ゴルフの）コースに行ける日がくるかもしれませんね！」「スペイン料理もお好きでしたらパエリヤが絶品のお店を知っていますよ」などと簡単に話題を広げることができます。

何を隠そう、私自身、深く語れる趣味がありません。

ただ、好きなこと、興味のあること、チャレンジしたいことはたくさんあります。

例えば、食事の美味しい旅館での温泉旅行、科学捜査の刑事ものや法廷ものの海外ドラマ、歌唱力のあるシンガーのライブに行くこと、刺激的で実直な起業家との出会い、おもてなし料理を20品は作れるようになるという目標、ホテルのような気分の上がる朝食、白とグレーを基調としたインテリア、イタリア語、中国語、裁縫、箱根の温泉まで一人でドライブ、大型バイク、船舶免許など。

それぞれの興味の本気度には差がありますし、今後、実際に何もしないものがあるかもしれません。ただ、それこそが、今の等身大の私です。

直感で、「もっと知りたいかもしれない！」「好きかもしれない！」「やってみたいかもしれない！」という「かもしれない程度」でもよいではありませんか。

そういった好奇心自体が、すでに明確な自自身のプロフィールとなっているのです。

趣味の話題を通して「熟知している人」「経験している人」を演じる必要はありません。「チャレンジしてみたいこと」があるだけでも、十分、人は生き生きとして見えますし、会話は弾みます。

さあ、これからは、申し訳なさそうな表情で、「趣味は特にないんです」という場面とさよならです。

ぜひ胸を張って、「最近、少し興味を持ち始めたことがあるんです！」と、あなたらしく話してみましょう。

「仕事の話は面白くない」は嘘

私は相手の仕事について、並々ならぬ興味を持っています。何をしている人なのか？　なぜ、その仕事を選んだのか？　これからもその仕事をしていくのか？　その仕事はどんな仕事なのか？

相手の趣味を聞くよりも、仕事を選んだ基準や仕事に対する考え方を聞くほうが、相手のライフスタイル、家族や人生に対する価値観なども見えてきます。

ただ、仕事の話に興味があるからといって、仕事を持つ人のほうが刺激的で面白く、仕事をしていない人がそうではないなどと思っているわけではありません。

現在、主婦業に専念している人や仕事をせずに過ごしている人には、仕事観を聞くだけでも新たな発見があります。

例えば、「30代まででハードな仕事はやり切ったから今はしない」「育児をしていたいから働くのはまだ先でいい」などと仕事とは関係のないところで満ち足りている人や、「親の介護に専念するため今は仕事ができない」など、家族の事情がある中で必死に生活している人の話を聞くことによって世の中を知るきっかけを与えてもらえるのです。

このように、そのときの決断に至った話から、私自身も考えさせられるところがあり、刺激を受けることもしばしばです。

仕事をトピックにすると、その職業を選んだ理由から、生い立ちや人生における目標などについて知ることができます。

また、相手が影響を受けた人や経験を聞いたり、家庭環境がわかったりするチャンスもあります。

中には、幼少時代の海外経験が現在の仕事に繋がっていたり、家族の病気や死がきっかけで医療関係の仕事を選んだ人もいます。

なぜ今の仕事を続けているか、あるいは仕事を変えたり辞めた理由にこそ、その人の積み重ねてきた時間を映し出す大事な何かが見えたりします。

あるいは、プライベートでは大らかにしか見えなかった人が、仕事の話となると、実は野心家である一面を見せるなど、隠そうとしても隠し切れない性分のようなものが見えてくるときもあります。

仕事をしている、していないとか、働くことが好きか嫌いかなどという答えが重要なのではなく、仕事を通して、自分自身の人生のパーツをどのように語るのかが私にとっては肝心です。

私たちの人生のステージと切り離せない仕事にまつわる話は、人生や人間関係、時間やお金の価値観を知るのにも最適です。

ある日、ご近所の50代の女性と話をしていたときのことです。

ご主人との運命的な大恋愛によって20歳で結婚され、社会に出ることなく専業主婦になったという話をしてくれました。

その女性は、いつお会いしてもテキパキとされていて、物事をはっきりといい切る粋な女性でしたので、秘書をしていたのかもしれないなんて勝手に想像していたことがありました。

そんなふうに相手の過去を勝手に想像しては大外れしてしまうことも、人を見る目を磨くためのトレーニングの一つとなります。

大人に限らず、あるとき、同じく近所に住む、野球少年のような坊主頭の10代の男の子に、「将来、どんな仕事につきたいの?」と聞いたことがありました。

彼は「音楽家になりたい」と答えてくれました。

それまでは部活帰りのジャージ姿の彼しか見たことがなかった私は、彼の内なる野望を教えてもらった気がして、なんだか嬉しい気分になりました。

「仕事の話はつまらない」「仕事の話ばかりするのは失礼だ」などといわれることもありますが、それは、話の広げ方に問題があるのではないでしょうか。

仕事の話を面白くできない人には、いくつかの共通点があります(特に男性に多く見られます)。そんな共通点をもとに、どのように考えてみると面白くなるかを紹介します。

〈仕事の話を面白くできない人の共通点〉

・相手を「〇〇会社の人」という目線で見るので「会社」が話題の主体になる

（こう考えてみよう！）会社ではなく相手の名前だけを会話で使うことを徹底する

・仕事の愚痴が多い

（こう考えてみよう！）ストレスとどのように向き合うかに着目して、休日の過ごし方を会話のネタにする

・相手の仕事への興味・関心を全く示さない

（こう考えてみよう！）「転勤もあるのですか？」「出張もありますか？」など、聞きやすいネタを質問してみる

今から10年ほど前に、「ビジネスはゲームだ」などと豪語する、30代前半にして日本の平均年収の20倍以上を稼ぎ出す投資家の男性と話をしたときのことです。

家族との時間を大事にし、ファッションセンスも抜群で自信満々に見える男性に、仕事における信念を聞いてみました。

すると、幼いころにご両親が離婚し、経済的に逼迫《ひっぱく》する中、お母様が苦労して育ててくれたということを話してくれました。そんな辛かった経験から、「お金が全てではないが、お金は

現実的に必要」といった考えを持つようになったそうです。

そして「家族との時間が一番で、仕事とお金が一番ではない」ともおっしゃり、お金への執着ではなく、家族や時間に対する考えの深さを知りました。

逆に、仕事人間だという印象を持っていた知人に、「今の仕事は楽しいですか？」と聞いたら、「所詮、仕事は仕事ですから」というクールな答えが返ってきたことがありました。

そのときに初めて、仕事と割り切ってここまで着実にこなせるなんてかっこいい！　と感じたのを覚えています。

あからさまに「仕事の話題は好きではない」という人たちももちろんいらっしゃいますから、万能の話題ではないかもしれません。

けれども、明らかに仕事をバリバリしている人であれば、仕事に関して何らかの誇りを持っているはずですから、話題をふってみてもいいのではないでしょうか。

仕事に対する考え方は、その人の生活、経済力、ライフスタイル、強み、国際性、社会、家族、未来に対する考え方など、様々なこととリンクしています。

仕事一筋だという人には、仕事の話題から、「一つのことを長く続けられる秘訣」や、「体調管理」について聞いてみるのはいかがでしょう。

「普通のOLなので、特別にしていることなど何もないんです」という女性がいたら、「いつも同じ人たちと職場にいらっしゃるわけですから、ストレスなく人と一緒に過ごせるセンスをお持ちなんだと思います」と堂々と伝えてみるのです。

「普通」に仕事人として日々をこなすための隠れた工夫や努力、気配りや忍耐について掘り下げてみると、普通という言葉では収まらない100個以上の秘訣が出てくるかもしれません。

一方で、何らかの事情で引きこもってしまい社会に出られない、持病が心配で仕事ができない、我が子を預けられず仕事ができない、家族の介護で好きな仕事につけない、いくら頑張っても企業から内定をもらえない、といった状況の人たちもいます。

相手によっては話題を変えることも必要ですが、腫れ物に触るような扱いを受けることをストレスに感じ、実は「聞いてくれれば話したいのに」と感じている人もいるでしょう。

もしも相手が仕事のことを話したくなさそうだと察すれば、すぐに会話の軌道修正をすればよいのです。

あくまで状況をよく考えたうえでですが、「仕事の話は持ち出さない」といった頑なな考えを持っている人は、もっと大らかにとらえてみてもよいかもしれません。現代は、一つの仕事にとどまらず、私のように兼業して、複数の肩書や仕事を持つ人も増えています。「会社員だけど、週末はケーキを販売している」などという人がいたら、会話が盛り上がりそうですよね。

仕事の話ばかりをするという意味ではなく、仕事というキーワードを生かして、もっと相手を知るきっかけを探れないかという考えを持つだけで、質問力の幅を広げるトレーニングにもなりますよ。

謙遜する相手にどう反応するか

日本人である私たちは、欧米の人たちに比べて、相手や状況に対し一歩下がった位置から自分の評価について話す傾向にあります。

例えば、外国人に英語で道を聞かれて十分スムースに答えているのに、「英語が得意なんですね」といわれると、「いやいや、全然話せません」「そんなことはないんです。英語ができるなんていうレベルではないですよ……」などと答える人たちもいます。

周囲にはまだまだ高いレベルの人たちがいるし……などと、謙遜したい気持ちはよくわかります。

けれども仕事で英語を使う企業の採用面接中に、先ほどのようなやり取りがあったとしたら、明らかに企業側には、「自信がない点が心配だ」と受け取られてしまうでしょう。

世界一、日本一、社内一のレベルでなくても、誰かがあなたに高い評価を伝えてくれたときには、「ありがとうございます！」を忘れずに。

相手が自分のことを気にかけてくれたことに対して、素直に感謝をするだけでいいのです。

そして、その後に「これからは、より高いレベルを目指していきたいと思っています」などといった積極的な姿勢を見せると、現状で満足しているわけではないといった向上心も伝わります。

謙遜しているつもりが、単に「自信のない人」「謙遜しすぎて不自然」などといった低い評価に繋がることもあります。また、「いえいえ、全然すごくないんです」と反応することで、あなたを評価してくれた人は、それについてもフォローしなくてはいけなくなってしまうのです。ですから、深い意味もなく謙遜することは、ビジネスの場面では気をつけたいですね。

それからもう一つ、謙遜している相手に対して、どのように反応するかによって、あなたの対応力が問われることもあります。

例えば取引先で家族の話題になったとき、「親の私たちは何もできないのですが、うちの子供はしっかりものなんです」といった人がいたとしましょう。

あなただったら、どのように反応しますか？　「素晴らしいお子さんですね」といいますか？

それも丁寧な受け止め方ですし、相手の気分をよくできる反応だと思いますが、プラスして、「それは、きっと田中さんの育児が素晴らしいからですよ」「ご両親の影響ですよ」といった、ご本人への言葉もお忘れなく。

同じく、取引先の社長が、「私は何もしていないのですが、うちは社員が優秀なんです」といったとき、「そうですよね」というのはあまりにも失礼ですよね（笑）。

「渡辺社長のようなカリスマ性のあるリーダーだからこそ、優秀な方々が集結され、実力を発揮されているのではないでしょうか」「渡辺社長のお姿をご覧になっているからこそではないでしょうか。本当に社員の皆さんは、いつもはきはきとされていて頼もしい方ばかりですね」などと反応してみましょう。

自社の社員の働き方や存在に対して感謝しているリーダーは、世の中にたくさんいると思います。

その背景には、リーダー自身が我慢したり譲歩する場面や、人知れず涙したり悔しい思いをしたこともあったはずです。

ですから、他者を立てつつ自分の功績については謙遜されているといった人に会ったときには、本人の実際の苦労を想像しながら言葉を探してみるのはいかがでしょうか。

メモ書きにまで気を配る

ある日、クライアントのオフィスへ伺ったときのことです。場所は、都心の真ん中にある大手企業も入る複合ビルでした。

3人体制の受付スタッフのうち、50代と思《おぼ》しき男性が私を担当してくれました。

「DC&ICの吉原と申します」と私が名乗ると、受付の男性が「ヨシハラ」と呼び捨てのまま声に出してメモ用紙に大きくカタカナで名前を書いていました。

受付のカウンター内に置いてあるそのメモは、立っている私から非常によく見えていました。

メモに書かれた「ヨシハラ」という4文字を見て、私にはこれがビジネス上のやり取りとは思えませんでした。

それはまるで、お茶の間でリラックスしながら通販番組を見ていたら、ほしい商品があって、慌てて電話番号を走り書きしているかのようでした。

男性は、決して横柄で感じが悪いわけではありませんでしたが、不自然なまでに上品ぶっているところがありました。そして、「ヨシハラ」といいながら走り書きという行動に、彼の素の部分を見てしまった気がしたのです。

まず私の名前を呼び捨てにしていた時点で、あまり気分がよいものではありません。ちなみにこのとき、受付がごった返していたわけではありませんでした。

むしろ、受付には人が少なく落ち着いた空気が漂っていて、相手に対して十分な対応ができる時間的余裕はありました。このような場面では、相手からメモが見えていることを意識し、メモに書く文字や内容にまで配慮がほしいものです。

また、走り書きとはいえ名前には「さま」と敬称が書いてあるほうが、洗練された印象を受けます。

自分の言動を「相手にどのように思われているか」を気にされる人は多くいます。けれども、それと同時に「相手は何を考え、何を見ているのか」といった、相手と同じ視点で目の前のことを考えられる人は、まだまだ多くないのかもしれません。

似たようなことは、ビジネスの電話でもよく起こります。

例えば、レストランやホテルの予約の電話で、「それでは、お客様のお名前を復唱いたします。『すずき　よしこ』でよろしいでしょうか？」。

こちらも「さま」をつけるのと、つけないのとでは印象に大きな差が生じます。

例えば、友人の結婚披露宴などで初めて知り合った人と話す機会があったとしましょう。簡単な挨拶から、仕事の話題になりました。すると、相手はあなたの親友と同じ会社だったという状況をイメージしてください。

あなた「ABC商事にお勤めですか。私が学生時代から親しくしている同級生が御社にいるのですが、法務部の川崎さんという女性をご存じですか」

相手「川崎？……」

あなたにとって大切な人のことを、「川崎」と呼び捨てにしている相手に対しての印象は決してよいものではないでしょう。

また、相手から「○○さんのこと、ご存じですか」と聞かれた場合、「いや、知りません」と堂々と答えてしまうのも、上から目線の感じが否めません。

そのようなときは、「申し訳ございません、法務部の方とはあまり接点がなく、存じ上げないのですが、△△さん（あなた）の同級生の方と同じ会社だとは大変光栄です」などと気の利いた反応ができると礼儀正しい印象を与えられます。

このように、小さなことだと思われるようなことにも、丁寧に反応するからこそ、相手は、そんなあなたの姿に感動し、信用できると思うのです。

どんなに立派な知識を雑談のネタとして披露できたとしても、小さな気配りに目が向けられず、相手への対応が粗雑な人というのは、残念ながら信頼を得ることはできません。

明るい表情ではきはきと挨拶ができたり、スーツをびしっと決めていたとしても、相手はあなたの言動からすぐに「あなたの素の部分」を感じ取ります。

例えば、相手が見ているのにメモ書きが雑だったり（もともと書くのが得手・不得手ということは関係ありません）、名刺入れの名刺がぐちゃぐちゃだったり、言葉使いが丁寧なのに内容はムダな話が多いなど。

マイナスのインパクトのほうに印象が引っ張られてしまっては、あなたが損をするだけなのです。

つまり、雑談をしないということに気を遣いながら、あなたが相手から見られている全てのポイントに意識を傾けることが求められるわけです。

このように聞くと、やることが多いように思われるかもしれませんが、自動車工場の製造ライン並みに、何百という工程があるわけではありませんのでご安心ください。

とりあえずは、メモ書きの際には、相手に見られても恥ずかしくないレベルで、丁寧さを徹底してみましょう！

「私も！」といって話題を奪わない

化粧品カウンセラーの仕事をしている人を対象とした某企業内研修で私が講師を担当し、お客様とのマンツーマンのロールプレイングをしていたときのことです。

勤続年数10年ほどのAさんは、お客様役のBさんに対して、とてもにこやかかつ丁寧に会話をされていらっしゃいました。

すると、お客様役のBさんが、「実は、以前は肌荒れがひどくて、なかなか市販の化粧品を使うことができなかったんです」といいました。

すかさずAさんは、「そうだったのですね。それはお辛かったですよね。実は、私も社会人になってから肌荒れに悩むことがあったのでお気持ちがよくわかります。

そのときは、皮膚科に通ったり、知人がすすめる化粧品を試してみたり、色々と手を尽くしたのですが、なかなか自分の肌に合うものが見つからず、そうしているうちに……」と、自分の経験を話し始めたのです。

その後、自分の経験談が終わると、「そこで、デリケートなお肌の方にもご好評のクリームがございますので、紹介させていただきますね」と、唐突に商品の提案へと話題が飛びました。

ロールプレイング後のフィードバックでBさんは、Aさんに対して次のようなことをアドバイスされていました。

「とても感じがよく丁寧な話し方をされていて好感が持てました。ただ、一つだけ、気になったことがあります。

それは、私が肌荒れのことを話した後、ご自分の経験談ばかりをお話しされていたことです。現在の私の肌の状態を知らないまま、いきなり商品をすすめられたときには、違和感を覚えてしまいました」という内容でした。

Aさんのように、相手に共感しようとするところまではよいのですが、結果的に相手の話を奪ってしまうというケースは多々あります。

相手の話を聞くや否や、「私も同じ！」「私も一緒よ！」「私なんて、もっと大変だったの！」などと話し始める人は、たとえ、相手のためを思ってという気持ちがあったにせよ、自己中心的な印象を与えてしまっていることに気がついていただきたいのです。

実際に、相手の話を奪った挙句、相手に会話のバトンを戻さないような人は、相手のことを軽く見すぎていて、人としての器さえ小さく見えてしまいます。

相手が悩みや辛いことを話しているときは、たとえ自分に同じ経験があったとしても、まずは相手の話を遮ることなく、最後までしっかりと話を聞く姿勢を貫きましょう。

自分のことを話さずとも、会話の中で相槌として、「よくわかります」「そうなんですよね」などといいながら、「私も経験者です」という立場で共感していれば、十分なのです。

相手の話が終わってから、「それは本当にお辛いことですよね」「そんな大変なことがあったとは、とても見えませんでしたが、今は大丈夫ですか？」などと、相手への反応を示したうえで、手短に「実は、私も同じ体験をしておりまして、だからこそ、○○さんのお話を伺って、お気持ちがよくわかるのです」などと伝えればよいのです。

場合によっては、深刻な話でなければ自分も同じ経験をしたなどと明かさなくても問題ありません。

あくまでも相手の存在を優先的に考えているという反応を示すべきで、自分自身の情報は最低限にすることがベターです。

相手が「あなたも同じ経験がありますか？」と聞いてきた場合は別ですが、相手から聞かれることがないということは、残念ながらあなたの話を聞く余裕がないと判断しましょう。

相手から聞かれてもいないのに、「私も！」といって自身の経験談を得意げに話す人たちとの時間は、聞き手にとってはムダでしかないと感じています。

また、そういう人が会話しているグループにいると、「実は私も！」といった人に対し、それを聞いている人のほとんどが、「うわ、話しちゃってるよ」などと、残念な思いを抱いているに違いありません。

相手から話題を奪い、自分の話に落とし込む人たちの中には、「つい、自分のことを話してしまう」などといい訳をする人もいます。

けれども、そういう人たちは「つい」などということはなく、「しっかり」「ちゃっかり」自分をアピールしたい傲慢な人たちなのだと私自身は感じています。

相手を励ましたい一心で、自分の失敗談を早く聞いてほしいという感情もわかります。

ただ、そんなあなたの気遣いも、相手が必要だと思ってこそ、意味や価値があるということを理解しなければなりません。

辛い話をしている相手から話を奪い、自分の経験談（これこそが意味のない雑談ですね）を聞かせて、逆に相手から「あなたもお辛いのですね」などと心配されるようなことは避けたいですよね。

気をつけたいのは、辛い話だけではありません。「実は先月、初めてスイスへ旅行してきたんです」と言ったあなたに、「私も先月、初めてドバイに行ってきたんです！」と相手が返してきたら、どんな気持ちでしょうか。自分のことは一切話さず、「うわぁ、スイスですか！素敵ですね！」とすぐに反応できる人のほうが断然、魅力的ですよね。

無意味な話をしない人になるためには、「自分のことも話したい」という感情を上手にコントロールする忍耐力も必要なのです。

簡単にいえば、「私自身のことは一切話すまい」といい聞かせて、口を閉ざしておくことです。

誰でも口を開かなければ、余計なことを話すことはありませんから！

電話では「相手の声」以外を気にしよう

不動産会社を経営しているクライアントから聞いた話です。

中途採用の営業職社員に求めるスキルについて伺ったときに、興味深い、あるスキルの話をしてくれました。それは、「マメであること」でした。

米国の社会心理学者ロバート・ザイアンスが提唱した「単純接触効果」とは、繰り返し人と接することで、相手への好意度や印象が高まるという効果のことを示します。

雑談力を向上させたいと願う人たちの中には、「営業＝話し上手・聞き上手」といったイメージを持つ方が多いかもしれませんが、いずれも、まずは相手と接触をしなければ関係をスタートすることすらできません。

私自身をふり返ってみると、20代のころ、一人暮らしの物件探しで不動産会社の営業マンとコンタクトを取っていたときのエピソードがあります。

内覧の後で、他にも同じような条件の物件を見てから決断したいと伝えたところ、1週間後に連絡がきたという出来事を、先ほどのクライアントに話しました。すると、「そういう対応は、弊社ではあり得ないですね」というのです。

彼の会社では、お客様からの問い合わせに対して、24時間以上も経ってから連絡をするといった仕事の姿勢では、採用審査のスタート地点にすら立てないということでした。

つまり、「マメな人だ」と思われるような、顧客との関係を維持できる意識と行動力がある人材を求めているのです。

創業200年を超える海外の金融企業の役員と話をさせてもらったときにも、企業の利益を生み出すためには、セールスチームの行動力が必須であるという話を聞いたことがありました。「結果にたどり着くまで、徹底的に顧客とコミュニケーションを取り続ける姿勢」をとても重視していることがわかりました。

念のためですが、先ほどの「単純接触効果」は決して誰に対しても万能というわけではないことは、皆さん、想像できるかと思います。

こちらがよいと思って接触を試みても、回数を重ねれば重ねるほど、相手は嫌になっていく場合もありますから、1回ごとに、相手の態度や気持ちを観察して行動したいものです。

また、「マメな人」といっても、やみくもにコンタクトを取ることをすすめているわけではありません。

例えば、主婦のお客様にコンタクトを取る際、17〜18時の時間帯に電話をすれば、夕食作りで手が離せないかもしれないと誰もが想像できます。

また会社員のお客様に対し、契約内容を確かめたいといって、朝9時前後に電話をするなどは、出社時間帯ということを考慮すれば控えたほうがよいでしょう。

さらには、お客様に電話をしたとき、受話器の向こうから風の音がしたとしましょう。相手は明らかに屋外にいて、「寒い中で、電話を取らせてしまったかもしれない」と気づけば、電話で話をしてよいタイミングかを最初の段階で確認することが大切です。

もしくは、お客様がささやくような声で電話に出た場合は、「電話がしづらい場所にいるのかもしれない」と考えられます。

普段は丁寧なのに素っ気ない場合は、「誰かと一緒かもしれない」などと察して、かけ直したほうがよいかを、即座に聞いてみたほうがよさそうです。

次回のコンタクトについては、「明日の午前11時ごろまでに、ご質問に対して回答させていただきます」「来週水曜日までに再度、お電話をさせていただきます」などと具体的な期限を提案してみると親切です。待っている相手に対して期限を告げることで、「待ち続けなくていいよ」という配慮が感じられるからです。

無意味な会話をしない人というのは、このように「耳」からの情報も逃しません。

私たちが会話で耳にする音は、脳に信号として送られて、脳内の記憶と結びつけられて初めて音として理解されるといわれています。

日頃から、相手の発する「言葉」や、「電話の向こう側の音」などを意識しておくことで、私たちが会話の中で相手の情報を正確にキャッチできるスピードが格段に上がっていくことが期待できます。

大切にしたい相手には「マメ」だと思われるほどのコンタクトの徹底と、会話中の様々な音に敏感になることで、あなたの気配りを相手に感じ取ってもらえる場面をより増やしていきましょう。

「お土産」を持たずに訪問するな

私が小学生のころ、近所の友達の家に遊びにいくとき、「これを持っていきなさい」と、よく母がお菓子やジュースを私に持たせました。

どこのスーパーにでも売っているようなお煎餅一袋を持っていっただけでも、大抵の場合、友達の母親から、「まあ珠ちゃん、ありがとう。お菓子を持ってきてくれたの!」などといわれて嬉しく感じていました。

子供ながらに、その「ありがとう」のおかげで、少しはフェアな立場で心置きなく他人の家で遊べるぞ! という思いがあったのかもしれません。

帰宅後には、黒電話で私の母と友達の母親が「ありがとう」を伝え合っている楽しげな会話を聞くのが好きでした。

そんな経験を通して、「お土産」というのはコミュニケーションを滑らかにし、お互いがより気分よく関わるためのツールだと学びました。

一般的なビジネス社会においては、「お土産」にはコストがかかりますから、企業や組織内で渡すことも受け取ることも、禁止されている場合があります。

また、物品を準備する場合には、金額や選択基準にルールがありますし、相手との関係性や状況、立場を考慮することが求められるので、細やかな気配りが必要となります。

受け取る側も、「毎回、もらうばかりで困るなあ」と感じてしまうこともあるかもしれません。

そこで、そういったコストのかかる品物だけが、相手に喜んでもらえるお土産ではないということを伝えたいのです。

もちろん、相手の趣向を考え抜いた希少価値があるお土産や、高級なお土産も、コミュニケーションの一環と考えて、私自身は必要経費と思う場合もあります。

ですが、仕事の場面で最も重要なのは、相手にとって「価値ある情報」という名のお土産を持っていけるかどうかなのです。

よく「御用聞き」という表現を使い、部下に対してお客様のところに足しげく通いなさいと教育している営業パーソンがいます。

それは、一理あるのではないでしょうか。

前項でも挙げましたが、米国の社会心理学者ロバート・ザイアンスが提唱した、「単純接触効果」とは、繰り返し人と接することで、相手への好意度や印象が高まる効果のことを示します。よって、接する機会が多いと、信用されるチャンスを得やすいといえます。

けれども、お客様が喜ぶ「お土産」を何も持たずに、「こんにちは。最近いかがですか？」といって、オチのない世間話をするつもりで会いに来られては、忙しくしている多くのビジネスパーソンが困ります。

私の会社で取引のある営業マンのHさんは、「先日、吉原さんが気になるとおっしゃっていた美容成分について調べて資料にしてきました。うちの研究員とも話をしたのですが、こちらの成分には使用するメリットと、多少のデメリットがありまして……」といって来社されました。

このようにHさんは、以前に私が話したことを気に留めて、有効な情報という「お土産」を持ってきてくれることがしばしばです。

仮にあなたが接客業をしているとして、お客様があなたに「おすすめのフランス映画」について話したとしましょう。

その場合、その映画のDVDを実際に見てみるか、ネットであらすじだけでも調べておきましょう。

そうすれば、あなたは「先日、伺っていた映画を鑑賞させていただきました！　素敵な余韻が残る名画ですね。ロマンチックな気分に浸らせてもらい、教えていただき感謝しています」

などとお客様に話すことができます。

それを聞いた相手は、自分が発した一言で興味を持ち、実際に行動してくれたことを、きっと喜んでくれるはずです。

ここでいう「お土産」とは、相手からの何らかの情報発信をきっかけにして、あなた自身が準備したり、実際に行動を起こすことを指します。

繰り返しますが、あなたが相手のためだけに準備した「お土産」には、関係をフェアにし、信用されやすくなるチャンスを手にできるといった効果があります。

「最近どうですか？」と愚痴でも何でも話を聞ければよいといった受け身の姿勢は、実は「お土産」を準備する労力を避けたい怠惰な人たちがすることなのです。

世の中でモノを売る仕事をしている人たちが、雑談や御用聞きといった習慣や概念を断ち切って、本当に価値のある「お土産」を届けるセンスを持てたらどうなるでしょう？

さらにそれを行動に移せば、仕事の成果も会社の業績も上がり、国の経済自体ももっと潤うのではないかと私は本気で考えています。

さあ、次のアポイントメントのお土産を今すぐ準備してみませんか！

「刑事コロンボ」に学ぶ会話のセンス

海外ドラマや映画が好きな私は、事件を論理的に解決していく法廷ものと刑事ものを、普段からよく見ています。

私は、内容が現実的で（番組の構成上、誇張している箇所もあるかとは思いますが）、科学的根拠を見つけて論理的に問題を解決する手法に共感し納得し、見終わるとすっきりとする感覚が好きなのです。

それは母の影響で幼いころに見ていた「刑事コロンボ」というドラマがきっかけだったのかもしれません。

ご存じの方も多いかと思いますが、「刑事コロンボ」は、1968年にスタートし、日本でも人気を博したアメリカのテレビドラマシリーズです。

ロサンゼルス市警察殺人課の主人公「コロンボ刑事」が、完全犯罪を試みる犯人たちが残した、ほんの小さなほころびを見つけて逮捕に向けて追及していく一話完結のストーリーです。

コロンボ刑事を演じるピーター・フォーク氏は、お馴染みの薄汚れた古びたトレンチコートを着て、ぼさぼさ頭で葉巻かコーヒーを片手に登場します。

気取らない性格と冴えない風貌で相手を油断させて、人の懐に入るのが得意なコロンボ刑事は、ドラマの中で必ずといっていいほど、容疑者に「うちのカミさんがね」といって、事件とは関係のない奥さんの話題を持ち出すのです。

例えば、ある大女優が殺人犯のストーリーでは、殺人現場であるその女優の自宅に到着すると、「うちのカミさんがあなたの大ファンでしてね！　今すぐカミさんに電話して、ちょっと話をしてもらってもいいですか？」などと事件そっちのけで女優から電話を借りて、大はしゃぎで家へ電話するといったシーンもありました。

まさに、雑談です。

しかし、犯人の女優は自尊心をくすぐられて満足そうなのです。そんな彼の雑談には、共通点があります。それは、相手への敬意と共感を忘れないということです。

コロンボ刑事は「あなたのファンです」「ご主人が突然亡くなって、お力落としでしょうが」などという一言をよく口にします。

さて、こうした雑談は、相手が抱くコロンボ刑事への警戒心を解くための策略で、コミュニケーション法の一つともいえる重要な手法なのです。

こうして、「殺害現場で奥さんの話をするほど間の抜けた人」「ミーハーで調子のよい刑事」などと思わせ、事件のことから目をそらせておきながらも、事件で気になることをしつこく質問し始めるのです。

相手（犯人）は、まさかこんなにおとぼけな刑事が真相を見ぬけるはずがないと油断して、疎ましいと思いながらも、気を許してしまうこともあります。

雑談とは、「くだらない話」という意味も含まれますが、コロンボ刑事のように、それによって自分が手に入れたい状況や情報を引き出すという目的があれば、大いに意味を持つ武器となり得ます。

つまり、会話の先にゴールがあるかないかによって、「くだらない話」で終わるのか、「実は意味のある話」になるのかが分かれます。

現実のビジネスシーンではどうでしょう。

ドラマを見終えた視聴者のように、「そうか！　だからあのときあんなムダ話をしていたのか」などとふり返って、30分後、1時間後に合点がいくといった状況はありません。

刑事とあなたでは立場は異なりますが、相手の真意を引き出すといった点では共通しています。

あなたが風邪をひいたとしましょう。

医師が、「風邪とは一般的に上気道感染症といって、治療法は存在しませんが、症状を緩和することはできます。よって効果的な薬を処方しておきます」と説明したとしましょう。

または、「これは風邪ですね。田中さんの場合は、咽頭痛と咳の症状が出ていますので、痛みを和らげる薬と、咳や痰を止める薬を処方しますね。あとは、うがい・手洗いを徹底して、休息をとってくださいね」と説明したとしましょう。

前者の説明は、相手の症状への対応よりも「一般的な見方」が軸となっています。

それに対して後者は、「目の前のあなた限定の見方」が軸となっているのがわかります。

それでは、もしコロンボ刑事が医師だったらどうなるでしょう。

「ああ、これは風邪ですね。うちのカミさんも同じ症状でね、苦しがっているのを見ているので、田中さんの辛さはわかりますよ。夜もなかなか寝つけないでしょう。全く、まいっちゃうよね。カミさんの咳で、私も眠れないんだから。

田中さんとご家族が今夜はぐっすりと眠れるよう、喉の痛み止めと、咳止めと痰を切る薬を出しておくから、今夜はゆっくり休んでくださいね」でしょうか（笑）。

余計な話が入っているのに、優しさと説得力を感じさせるのは、「相手」の状況をしっかりと受け止めた言葉が入っているからです。

さらには、あえて相手の名前を声に出すことがいかに効果的であるかもおわかりいただけたのではないでしょうか。

コロンボ刑事のような、温かみと観察力を駆使した会話ができる人を私も目指していきたいです。

「会って10秒・3ステップ挨拶セット」を実行せよ

これまで皆さんが、相手と出会って、何も意識することなく最初の10秒をやり過ごしていたとしたら、それはとてももったいないことです！

これからは次のような10秒で完結する「3ステップ挨拶セット」を丁寧に実践してみてください。

自信に溢れるコミュニケーションセンスと、明るく落ち着いた雰囲気、そして親近感を相手に感じてもらうための簡単な方法です！

〈会って10秒・3ステップ挨拶セット〉

ルール：①〜③の内容を、全て相手よりも先に伝える

①相手より先に「○○さーん」と「さ」と「ん」の間を普段より1秒伸ばして明るく呼ぶ

「あー、田中さーん、お久しぶりです！」「うわー、小林さーん、こんにちは！」「鈴木せんせーい！　お元気ですか？」「ゆみこさーん、お疲れ様です！」

②相手より先にポジティブなコメントをいう

「相変わらずお元気そうですね！」「お忙しそうで、ご活躍は伺っています！」「前にもましてただならぬオーラが出ていますね！」「お会いできて嬉しいです！」「先週の食事会、本当

に楽しかったです！」

③相手より先に相手を気にかけていることがわかる質問をする

「今日はこれから、またご移動ですか？」「連休のご旅行はいかがでしたか？」「お子様の入学式はいかがでしたか？」「もうお風邪は治りましたか？」

多くの人たちが、①の挨拶では相手の名前を呼ばず、「こんにちは」「お久しぶりです」とだけいっている光景をよく目にします。

挨拶セットの①〜③の流れは、笑顔と自信がありそうな大きめの声で実行すると、効果が上がります。

甲高い声は、逆に軽い印象を与えてしまうことがあるので、適度に調整してください。

それでは一つずつポイントを解説します。

①の「〇〇さーん」という呼び方で、相手への親しみを表すことができます。

「〇〇さん」と伸ばさないで名前を呼ぶと硬い印象になってしまうことがありますが、「さーん」と1秒ほど伸ばすだけで、柔らかく明るい印象に変化します。

また、最初に「あー」や「うわー」などと嬉しさを表現できる言葉を加えるのも効果的です。

②は相手が確実に笑顔になれる一言を選びましょう。

気難しい人には、「偶然にもお会いできて嬉しいです！」と、抑揚をつけていうだけで、気持ちがこもっていることが伝わります。

もし、相手に何かお礼を伝えるべきことがある場合には、そちらが最優先です。

その際には、「先日いただいた、北海道旅行のお土産のホタテは、家族全員で奪い合うほど、とっても美味しくいただきました！　本当にありがとうございました」などと一言、感想もつけ加えると、一層あなたの律儀さが伝わるでしょう。

③は、「あなたのことをずっと気にかけていました」という印象を与えるために、相手との最後の会話や、知りうる相手の情報を思い出すなどして、具体的な質問を選びましょう。「そんなことまで覚えていてくれたのか」と、感じてもらうことがポイントです。

ただし、「先日は、携帯電話をなくされて残念でしたね。新しい電話には慣れましたか？」「前回お会いしたときは、確かお車を車庫にぶつけられて落ち込んでいらっしゃいましたが、その後、お車は直りましたか？」「上司の方から厳しいアドバイスを受けて相当落ち込んでいたようでしたが、その後いかがですか？」などと、本人が思い出したくないことを蒸し返すような内容は避けたいですね。「相手のことを気づかっていると思われるエピソードを探さね

考える必要もありません。

「とりあえず何か雑談をしなくては」「当たりさわりのない話（雑談）をしなくては」などと考える必要もありません。

本来、大切にすべき話題というのは、「会って10秒・3ステップ挨拶セット」を実行して、心地よい空気感を整えれば自然に出てくると私は考えています。

そのためには、相手の目を見ながら（周囲の人やものに目が行ってしまい、落ち着かないのはNG。また、目を長い間ずっと直視するのではなく、うなずきながら、視線を自然に変えることもポイントです）表情を豊かに動かし、距離感は、腕一本をまっすぐ前に伸ばすと相手に届くラインまで思い切って踏み込んでいくことも必要です。

このとき、距離を縮めるのをためらって中途半端に遠さを感じさせるままにしておくと、余計な緊張感が生まれます。

もし、相手との距離が近すぎて圧迫感があるときには、「嬉しくて近寄りすぎてしまいました」と軽く笑いを取りましょう。

会話というのは、単純に「話す」「聞く」といった2つのアクションだけで成り立つものではありません。挨拶で相手のことをどのように呼ぶのか、相手に気遣いのある一言が率先していえるか、そのときの声のトーン、表情、立ち位置なども大切です。

会って10秒以内に会話をする環境をいかに整えるかで、相手とのその後の会話の方向性や快適さが大きく変わっていくのです。

会ってからの最初の10秒で、あなた自身が、相手に「この人に会えてよかった！」という満足感を与えられる人になりましょう。

それには、100個もの雑学がなくても、会話の達人でなくても大丈夫！

どのような人でも、「会って10秒・3ステップ挨拶セット」に沿って会話をスタートさせるだけで、肩の力を抜いて会話を続けていくことが可能です。

これまで、人と会うと、自分が何か話し続けなくてはと力が入りすぎていた人や、誰かと出会って会話をスタートさせる自信がなかった人は、まず声に出して相手の名前を「あー、田中さーん！」と、その瞬間をゆっくり味わいながら、嬉しそうに呼んでみましょう（無理にテンションを上げなくても大丈夫）。

一度、携帯電話の動画機能や録音機能を活用して、「自撮り」しながらご自身の印象について研究してみることもおすすめです。

さあ、これを読んだらすぐ実行あるのみです！

もっと、店員を喜ばせよう！

あなたは昨日、出会った人の中の一人でも言葉で喜ばせることができましたか？

例えば、コンビニエンスストアの店員が素晴らしい笑顔で親切に対応してくれたときに、「素敵な笑顔ですね！」といってみるといったことです。

あるいは、タクシーの運転手が親切かつ丁寧に対応してくれたので、降り際に、「とても親切に接客をしてくれてありがとうございました！」など。

人から信頼されるコミュニケーションスキルを向上させたい、説得力のあるプレゼンができるようになりたいという考えがあれば、ぜひ、「知らない人を言葉で喜ばせる」という習慣を取り入れてみましょう。

理由は単純です。相手を喜ばせる経験を増やすことで、自分自身の表現力に自信がつくからです。

そこで感じた嬉しい気持ちが原動力となって、もっとコミュニケーション力を高めていきたいという意欲にも繋がります。

相手との関係を深め、結果に繋がる説得力のある会話術を身につけたいという思いがある人は、自分から相手にポジティブな言葉をかける場面を増やしていきましょう。

「そんなの恥ずかしすぎる」と思っているとしても、待っているだけでは何も変わりません！

「褒めて相手を喜ばせる」というとハードルが高くなってしまうこともありますが、相手に

「ありがとう」といえる場面を増やそうと考えてみると、簡単です。

私自身、本当に感じたときにしか言葉にしませんが、よく初対面の人にでも、「あなたは○○がすごい！」という言葉を伝えるようにしています。

先日、スーパーのレジ係の女性が、私の持っていた買い物かごの中の溢れんばかりの食料品を、流れるようなスピードで、見事なくらいきれいにレジ袋に入れてくれたときのことです。

「あっという間に、こんなにきれいにまとめてくださって、すごいですね！　ありがとうございます」と伝えました。

すると、とても恥ずかしそうな笑顔で、「そんなふうにおっしゃってもらえて、嬉しいです」といってくれました。

また、ある日、ビルの警備員の方に道を尋ねたときに、とても親切かつ丁寧に道案内をしてくださったので、「警備員さん、本当にご親切ですね。わかりやすく教えてくださって、助かりました！」とお礼を伝えると、「お役に立てて光栄です」とにっこりと笑ってくださいました。

相手に喜んでもらえそうなことを実際に声に出すことで、いつの間にか、お互いが笑顔になっているのです。

それはつまり、「相手と会話がしやすくなるきっかけ」を容易に作れる人になれるということでもあります。

私たちは、100歳まで生きられるかもしれない時代を生きています。

これからは、どんな年代になっても、仕事の場面に限らず、気の合う仲間を自分から作れるようになることが、長く幸せな人生を送るための条件となることは、すでに本書にも書いています。

常に自分が率先して相手の気分をよくしようと行動する人を、人は信頼し、集まってくるからです。

「店員に声をかけるなんて恥ずかしくてできない」という人は、お店に入って「いらっしゃいませ」といわれたら、「こんにちは」というところから始めましょう。

会計が終わって「ありがとうございました」といわれたら、あなた自身も明るい声で「ありがとうございます」と、実際に声に出してみるのです。

自分を変えたい！　と思っているならば、日々の生活の中のありふれた場面にこそ、目を向けてみることをおすすめします。

そういえば、最近、店員が「いらっしゃいませ」「ありがとうございます」と声だけ出して、お客様を見ていないケースが多く見られます。

私は大抵の場合、お店を出るときに店員を見ますし、お礼を伝えるのですが、声だけ出して私を見ていない人ばかりか、声すら出さない人もいて驚きます。

そんなお店の場合は、商品がよくても、おすすめとしてSNSにも掲載しませんし、人に紹介することも躊躇《ちゆうちよ》してしまいます。そういうお店の経営者は、実情を知るべきでしょう。

なぜならば、お金にも時間にも限りがあるからです。

価値のあるモノだけが選ばれていく世の中で、私たち自身も選ばれる立場であることを忘れずに、基本的なことを気持ちよくできる大人でありたいと痛感します。

人を喜ばせる、または、そういうセンスを持つことは、もはや世の中のスタンダードとして、身につけておきたいスキルなのです。

メールで「お世話になっています」は使うな

あなたが社会人でしたら、一度はビジネスメールの冒頭に「お世話になります」「お世話になっております」などという一文を見たり、書いたりしたことがあるのではないでしょうか。

この言葉を使う人の中には、とても不思議な人たちがいます。

それは、私とは面識がないにもかかわらず、「お世話になっております」と書いてくる人たちです。

こういうメールを目にするたびに、なんだかとてもがっかりしてしまうのです。

それは、目の前の相手を全く見ていないことが明確だからです。

「とりあえず」という考えでメールを書いているとしか思えず、相手と接点を持つための努力や工夫、個性などが感じられないのです。

初めてのメールなのに「お世話になります」と書いてくる人には、「まだ何の関係もありませんけど！」と返信したくなるほどです。

「お世話になっております」だけではありません。会話の中で、感じよく相槌をうち、「へー」「そうですか」などと声には出すものの、相手の話に対して何もつっこんだ反応や質問をしない人もいます。

「自分は相槌をうっているから失礼ではない！」と思い込んでいたら要注意です。

例えば、「そうそう、この間、20年ぶりに、以前働いていた会社の上司とばったり会ったの！しかも整骨院で！　そしたら、その上司の岡田さん、今、大学院で勉強されていると聞いて、お元気そうで嬉しかったなあ」と話す友人がいたとします。

あなたは、どのように反応しますか？

着目したいことは、大きく2つあります。

①上司との再会に対するポジティブな反応
②なぜ整骨院へ行ったのかという質問

「へー」で終わるのではなく、「そういう再会って、嬉しいよね！　上司の方、バイタリティーを感じるね。でも、整骨院ってどうしたの？　大丈夫？」と、①と②をミックスさせた反応ができたら素敵ですよね。

「へー」「そうなんですか」といいながらも、頭の中では、どのように反応すれば相手を大切に思っていることが伝わるかを考え抜くのです。

「いつもお世話になっています」という言葉については、何に対してお世話をしたり、されたりしているのかを具体的にイメージすると、ふさわしい言葉が頭に浮かんできたりします。

「繁忙期前に限ってシステムのトラブルが起こっても、小林さんは毎回、迅速に対応してくださり、いつも感謝しています」など、相手がいつ、どのように、あなたのために労力を使ってくれているか、またそれに対する感謝を伝えてみましょう。

人は皆、「そんなところを覚えていてくれたんだ！」と感じるようなことをいわれると、心底、嬉しいはずですから。

「聞くふり上手」より「反応上手」を目指そう

世の中には、人の話を聞くのが上手な人たちがいます。

また、最近は「丁寧に話を聞く」「傾聴する」といった意識を高く持っている社会人が多く、一般的に「聞き上手」であることの標準値が上がっているようにも感じます。

一方で、「聞くふり上手」な人たちも多く存在します。「聞くふり上手」な人たちは、穏やかそうな表情で話に頷くのですが、相手の言葉に対しての反応が浅いのです。

反応といっても、立派なアドバイスができるとか、相手に尊敬されるような名言を残すなどという意味ではありませんからご安心ください。

「反応」とは「3K（3つのK）」、つまり「感謝、感激、感動」に基づいて発する言動のことで、「共感」や「尊敬」などが軸となります。「3K」については、私の著書『「また会いたい」と思われる人の38のルール』（幻冬舎）で詳しく説明していますので、ご興味がございましたら、ぜひ読んでみてください。

例えば、このようなことです。

〈美容院での会話〉

○↓「反応上手」な人

×↓「聞くふり上手」な人

美容師「最近、お忙しかったですか？」
お客様「そうですね。先週は出張と残業が続いたので少しハードでした」
○**美容師**「出張と残業続きとは大変でしたね（共感）。でも、そんなお疲れのときでもサロンに来てくださるなんて嬉しいですし、渡辺さまの髪への意識の高さを感じます（尊敬）」
×**美容師**「あーそうなんですか」（ここで会話が終了）
お客様「いや、そんな意識が高いなんて大げさですが、髪をカットすると気分がいいんです」
○**美容師**「確かに！　気分が変わりますよね（共感）。渡辺さまのようにお忙しい方の貴重なお時間なのでスピーディーに進めさせていただきますが（尊敬）、ぜひリラックスしてお過ごしくださいね」

〈レストラン予約の電話〉

お客様「今月5日、6人で19時からディナーコースの予約をお願いしたいのですが、送別会として利用したいので個室があればお願いします」

○受付係「はい。5日でございますね（共感）。大切な送別会に当店をお選びいただきまして誠にありがとうございます（尊敬）。それでは早速お調べいたしますので、お待ちいただけますか？」

×受付係「はい、6名様で個室ですね。少々、お待ちください」

〈自動車ディーラーでの会話〉

お客様「（商談テーブルに置いてあるパンフレットを触る子供に対して）ちょっと、静かにしなさい！」

○担当営業「そのパンフレット、気に入ってくれたの。嬉しいな！　どんな車が好きなのかな？　ぜひ、一部どうぞ」

×担当営業「……」（作り笑いだが無反応）

このように、単に聞いているだけの「聞くふり上手」でしたら、頭も気も使いませんので誰にでもできますが、残念なことに、「聞くふり上手」なだけの人からは、熱量や魅力を感じることはできません。

結局、相手に興味がないことが明らかだからなのです。

「いいえ、努力はしているけれど、表には出づらいんです」という反論もあるでしょう。

それでも、表に出そうとしているご本人の努力よりも、「相手に伝わっているか・いないか」のほうが重要です。

相手を喜ばせようといった気持ちで話に反応していると、自然と会話のキャッチボールが成り立つものです。

以前、英会話教室の受付から事務までをこなす女性にお目にかかったことがありました。教室のドアを開くと、「あー、こんにちは！　珠央さん！」と、彼女の笑顔と明るい声が迎えてくれました。彼女は常に他の受講者や、外国籍の先生方とも会話が弾んでいます。

彼女はずば抜けたコミュニケーションセンスを持っていて、フレンドリーで親切で、仕事はテキパキとこなしつつも、柔和な印象があります。

気配りを言葉や態度で示すことを惜しまず、誰にとっても「また会いたい！」と思える女性でした。

彼女のサポートに感動して、この英会話教室に入会した人は、数知れずだと思います。少なくとも、私の周囲で5人は入会しました（笑）。

一方で、以前、子供たちの習い事で出会った、同じく受付と事務をされている別の女性がいました。

彼女は、お人柄はいいらしいのですが、大人の私たちにも、子供に対しても笑顔なし、気の利いた反応なしで、とても損をしているように見えました。

実際に、質問や相談事があって彼女に伝えても、「なんとか解決しよう」といった心意気のようなものは一切感じられず、結局は「それはできません」「そういうことは無理です」といった一言だけ。

私は、知人にその教室を紹介することはとても難しいと感じました。

なんといっても、教室の顔となる仕事をしている人ですし、入会後に何かあれば、相談する人はその女性となります。そんな重要なポジションの人が「聞くふり上手」なだけの人であれば、企業側は大きな損害を被ることにもなります。

そんな彼女について、「人それぞれに性格があるから仕方がない」という人がいるかもしれません。

それは、プライベートのときやボランティアとしてでしたら通用する考え方かもしれませんが、仕事となれば、「反応上手」だと誰もが感じられるよう、本人が工夫をすることが求められます。

その人にしかできない気配りを、「先日は、お役に立てず申し訳ございませんでした。その後はいかがですか？」「この間は大丈夫でしたか？」などと積極的に相手に関わりながら言葉に表せる人であったら素晴らしいですよね。

そんな反応上手な人たちが溢れる社会になれば、毎日をより快適に過ごせるのかなあと想像して、嬉しくなりますよね。

待ち時間にスマホを見る人にチャンスはこない

約4年間勤務した航空会社を退社後、英国の語学学校へ短期留学し、帰国してから転職活動をしていたときのことです。

20代半ばだった私は、第二のキャリアとして正社員での採用に応募するのか、契約社員での仕事を選ぶのか、業種はどうするかなど、色々と悩む時期でもありました。

そんな悩んでいる時期、生活のために働かなくてはいけなかったので、友人に紹介してもらった単発のアルバイトをすることにしました。

内容は、都心のホテルの大きな会場を使って企業がイベントや総会を行う際の受付・案内係の仕事です。

上場企業や医師、海外からの企業役員などが集うイベントということで、スタッフはビジネスマナーや接客経験のあることが条件で、毎回ほぼ一期一会のスタッフチームで構成され、仕事をします。

イベントの設営が終わると、開場する前に、私たちスタッフがスタンバイをする時間が数分間ありました。

そのときに、私が見た同僚スタッフの行動を、いずれも鮮明に記憶しています。

それは、ホテルのスタッフの方に任せてもよいことなのに、会場を見渡して椅子の配置を直したり床にゴミが落ちていないかチェックする人、受付のテーブルが少しでも整然として見えるよう工夫している人、来客が記帳する際のペンとノートの配置を徹底確認する人、イベント主催企業の資料に最後まで目を通す人、お互いにヘアスタイルや服装を見て最終確認をしている人など。

つまり、ボーッとしている人など一切いないのです。

一人一人が誰かにいわれるまでもなく、率先して仕事を見つけて行動している姿を見て、体中に緊張が走ったことを覚えています。

その緊張とは、「こんなに気配りができる人たちがいたら、私の転職活動は大変だ」というものでした（笑）。

さらには、あのように徹底して仕事を全うしようとする人たちがいる環境でアルバイトできたことが、貴重な経験だと嬉しくも感じたのです。

その後、そこで出会った同僚スタッフたちは、次々に希望している業種への転職を決めていったという話を聞き、納得できました。

あのとき、私語、雑談という概念を持つ人はいませんでした。

こういうエピソードは仕事の現場であれば当たり前のことなのですが、当たり前のことができていない現場は多々あります。

先日、複合ビルに入っている取引先企業との打ち合わせに出かけたときのことです。

多数の企業が入っているビルなので、総合受付には様々な訪問者が長椅子にかけて待っていました。

その中には、その日、会社説明会に参加するであろう学生たちの姿もありました。

その中で、猫背になってスマートフォンの画面を表情を変えずに見ている男子学生に目が留まりました。

彼は、４人がけの長椅子の中途半端な位置に荷物を広げて座っていました。

それによって、何人分かのスペースを奪っていました。

彼は、そういうことに全く気がつく様子がないままでした。スマートフォンを見ることは個人の自由ですが、採用がかかっている企業の受付という場所において、自分の姿や周りの状況が見えなくなってしまうことは残念というしかありません。

私見ながら、一緒に仕事をしたいとか、仕事を任せたいという思いよりも、「大丈夫かな?」といった不安を感じます。

せっかく紺のスーツで第一印象を颯爽《さつそう》と見せているのですから、行動においても印象を統一させたいですよね。

先ほどの男子学生の場合、長椅子のどこに自分が座るべきか、そして姿勢や表情から自信を感じてもらえるかについての意識が必要だったのではないでしょうか。

まず姿勢よく長椅子に座ることで視野が変わり、他の学生のスーツや靴の汚れに気がつき、自分は大丈夫であろうかとふり返るきっかけにもなります。

スマートフォンのデジタルな情報も大事かもしれませんが、画面だけを眺める自分の姿が人の目にどのように映っているかを気にしたいところです。

大事な場に一歩、足を踏み入れたのであれば、周囲の人や状況に目を向けて、耳を澄まし、その場でしか得られない情報を入手したり、精神を落ち着かせることができたら得ですよね。

誰かから指示をされなくても、自分がどうふるまうべきかをわかって行動している人は、人やチャンスが訪れるサイクルを自ら作っていけるでしょう。

あるときには、取引先の方いわく、初めて会った他社のスタッフの方が「ポケモンGO」を気にしながら打ち合わせに参加していたという話を聞いて仰天しました。

スマホの画面に集中しすぎて、不要に自分の評価を下げてしまい、信頼を裏切ってチャンスを棒にふってしまわぬようにふるまっていきたいものですね。

「心を揺さぶる技術」を磨く

どのような人に対してでも、5秒あれば十分にわかることがあります。

それは、相手が「心地よく会話ができる人」かどうかということです。

例えば、自宅に宅配便が届いたときのことです。6歳だった私の娘は、お手伝いがブームでした。

宅配便が届くと、「私が出るね！」といって、伝票に受け取りのサインをしてくれます。

その際、子供に対して、「うわぁ、ありがとう！」「ママのお手伝い、えらいね！」といってくれる顔見知りの配達員の人たちがいました。

そういった一言をもらえた娘は自信がつき、とても嬉しそうでした。

私たちのほうこそ、毎回、配達員の人へ、「ありがとうございます！」と伝えることは当たり前の礼儀でもありますが、そのやり取りの中には小さな感動があります。

もちろん、時間に追われている配達員の人が、娘に対して先ほどのような声かけをしなかったとしても、確実に荷物は受け取れたわけですし、私からしたら何ら問題はありません。

けれども、状況に合わせて自然に心の中から湧いてくる言葉をかけてくれる人というのは、とても魅力的です。

すでにこの数年で、ＡＩ（人工知能）が仕事を代替する時代に入っています。

これからは、効率化と人件費削減を求める企業がより増えていくことは誰でも想像できます。

ＡＩばかりではなく、技術力と意欲を持った海外からの労働者も増えていくわけですから、私たち個人労働者は企業側から「雇用するメリット」について、よりシビアに見られるのです。

そこで、短いコミュニケーションでも、いかに顧客に感動を与えられる人材であるかということが「雇用するメリット」となり、企業側があなたを雇用する根拠に直結していることを想像していただきたいのです。

雇用される立場の人に限らず、起業される人も然りです。

そんな中、この先、会話の中で「心を揺さぶる人」であることが、社会の中で選ばれる基準となっていくのではないでしょうか。

先程の配達員の発する一言のような、一見、小さく見えることの積み重ねが、新たな仕事を手にしたり、キャリアや賃金を向上させていくうえでの、より強い武器の一つになっていくことは間違いありません。

「えっ、配達員の対応がそんなに重要か？」と感じる読者がいてもおかしくありません。そういう人は、「人の感情」で成り立つ経済の仕組みについて、より認識を深めてみるとよいかもしれません。

私たちの毎秒の感情こそが、「この店員が好きだからまた来店する」「この店員は失礼だからもう来店しない」などという判断を下しています。たとえ雇用の継続ができなかったとしても、「心を揺さぶる技術」を持つ人は、人から助けてもらえたり、起業して人に情報を広める場面で役立つときがくるはずです。

そして、企業のリーダーたちには、雇用している人たちが「心の揺さぶり」によって顧客との関係性を強化し、企業イメージや信頼への貢献度が高い人材かを見抜く判断力がより求められます。

また、別の事例もあります。私自身がプライベートで車の点検や修理をお願いしている会社があります。社長自ら、毎回、時間厳守で丁寧かつ親切に対応してくれていて助かっています。

そして、「主人が出張で不在のため、私が車を車庫から出しておくので、明日引き取りをお願いします」というと、「〇〇さん（夫の名前）、今度の出張はどちらですか？　いつもお忙しいですね。奥さんも大変ですよね！」などと声をかけてくれます。

「出張」という言葉に反応して声をかけてくれることは、決して特別なことでも、難しいことでもないかもしれませんが、とても親切な受け答えだと私は感じます。

けれども世の中には、相手の発する言葉に全く反応しない人がたくさんいます。

つまり、それは人への興味・関心が低い人や、表現が乏しい人たちともいえるのです。

相手とコミュニケーションを取る意欲が感じられない人というのは、会話をしていても味気なく印象に残りません。

どのような仕事も、ミスをせず行って結果を出すことを当然のように求められています。

そのこと自体は、ほとんどの人が意識して実践していることです。

それにプラスして、相手の言動に対して、「なんだか嬉しい」「温かみを感じる」など心を揺さぶる反応（受け答え）ができる人というのは、まだまだ少ないと実感しています。

だからこそ、もしあなたがまだ、そういった反応を十分していないとしたら、すぐに実践して、人と差をつけてほしいと思うのです。

他の人がしていない「当たり前のこと」をするだけで、私たちは自らビジネス社会の競争のステージを選ぶことができるのですから！

資料を見ながら発言しない

国会中継での政治家たちの質疑応答や、上場企業による新技術を使った商品発表、経営統合の際の役員スピーチなど、私たちには「誰かの発表」をニュースで聞く機会がたくさんあります。

その中で、国際社会という観点から、「日本のビジネスパーソン、もっと頑張ろうよ！」と、私が失望と危機感を抱きながらも、応援したいと強く感じることがあります。

それは、冒頭の挨拶や、謝罪の一言でさえ、手に持った資料に目を落としながら話す姿を見たときです。

例えば私の場合でしたら、講座のはじめに、受講者を前にして、「イメージコンサルタントの吉原と申します。皆様、本日は、お忙しい中、『ビジネスパーソン向けプレゼンテーション講座』にご参加いただきまして、誠にありがとうございます」という挨拶を、下を向いて資料を見ながら話すということです。

いうまでもなく、決して覚え切れない内容ではありません。

先ほどの8秒ほどの自己紹介とお礼すら相手の目を見て伝えられないというのは、国際社会で人を動かすプレゼンテーターという立場として、いや、そんな大舞台と比較するまでもなく、社会人として大変お粗末なレベルといえます。

「あなたに会えて本当に光栄です！　感謝しています」といった思いまで原稿を読む必要はありません。

「国際社会なんて大げさだ」と思っている人は、想像してください。

海外旅行をすれば、必ず目的地に入国する際、入国審査を受ける必要があります。

また、あなたの会社に外国籍のボスや新入社員がやってくることも珍しくありません。

あなたのお客様の中に、外国籍の方はいませんか？

そして、２０２０年の東京オリンピック・パラリンピックを通してインバウンド効果がさらに期待できるので、地域にもよりますが、生活の中で外国人と接する機会は増え続けていくでしょう。

もはや、「国際社会だなんて自分には関係ない」とは誰にもいい切れないのです。

さて、もしあなたが30代でしたら、物心がついたときからご自身の名前を口にしたり、人から名前を呼ばれる機会は何度あったでしょう？

ざっくりと計算すると、３歳から18歳まで学校や家で一日に5回、名前を呼ばれるだけでも２９２００回。19歳から30歳までで、一日３回に減ったとしても、１３１４０回ほどです。合計すると、あなたが30歳になるまでに４２３４０回は自分の名前を耳にしている可能性があるといえます。自己紹介をする場面も同時にカウントするとしたら、名前は記憶にも体にもしみ込んでいるといえます。

社会人として働いている人の中で、自分の名前を覚えられず資料を見なくてはいえないという人を探すほうが難しいかもしれません。

実際に、あなたは自分の名前をいうときに「山田たかひ……あっ、失礼いたしました。山田健一と申します」などと、間違えたことはありますか？

誰もが自信を持って堂々と自分の名前をいうことができます。

それでは、なぜ人は資料を見るのか？　さらには、なぜ資料を持ちたがるのか？　ということに、私は大きな関心があります。

誰しも人前で話すときには多少なりとも緊張するでしょう。

私自身も受講者数にかかわらず、講師の仕事を17年以上しているのに、毎回、緊張とプレッシャーでいっぱいです。

ところが、相手を見ないまま話をすることのほうが、実はより緊張してしまうということがわかりました。

それは、自分が下を向いてしまうことで、相手の反応がわからないまま話をすることになってしまうからです。

もはや、目隠しをして自転車に乗ることと、ほぼ同じです。

目を開けて目の前がクリアに見えるからこそ、景色を見たり、すれ違う人と挨拶できたり、障害物を避けながら、目的地へと楽しく運転できるのです。それは人前のプレゼンでも同じで、相手を見たほうがよりリラックス（安心）した心理状態で話すことができるのです。

そういえば先日、3歳になる私の息子のプリスクール（1・5歳くらい～6歳の子供たちが通う英語教育を主とした学校）で子供たちの発表会がありました。

子供たちがのびやかに歌やダンスのパフォーマンスを披露してくれます。

すると、流ちょうな英語で、「皆さん、こんにちは。私は○○（名前）です。次のプログラムは3歳児クラスの歌とダンスです」と、学校の卒業生で8歳前後の子供たち数人がステージ上でプログラム紹介をしてくれました。

ところが、残念なことに全員が原稿を手にしていたのです。原稿などなくても、十分に子供たちにも話せる内容なのに。そのため、ステージ上で終始下を向いてしまうことになり、あどけなく可愛い表情が見えづらくなってしまいました。

もちろん、ステージに立って、人前で一言でも話ができたという度胸は立派なものでした。

私が心配なのは、小さいころから「人前で話すときに原稿を見る」ということが習慣化されてしまわないかということです。

一対一であっても、一対1000人でも、相手と「コミュニケーション」を取っていることに違いはありません。

もしかしたら、「原稿を見て話す」という行動は、大人の真似をしているのかもしれません。あなたにも経験があるかもしれませんが、細かく作成した資料を見て話をしようとしても、結局は緊張して、うまく文字を追うことさえできない場合がありませんか？

結婚式のスピーチも然りです。ミスのないよう慎重になる気持ちはよくわかります。せめて、新郎新婦へのお祝いや、新郎新婦との関係を含めた自己紹介、最後のお祝いメッセージについては、相手の目を見て心を込めて伝えられるよう準備をしておきたいですね。

どのような場面にしても、最初と最後に行う挨拶や謝罪、自分の意見については、何も見ず、聞いてくれている人たちに視線を送りながら話ができるビジネスパーソンを目指しましょう。

あなたが今以上に理想的なキャリアプランへ近づきたいという思いがあり、少しでも国際社会を意識しているのでしたら、話す内容をすべて頭に叩き込んでからプレゼンをするくらいでなくてはなりません。

ただ資料を読むだけのプレゼンでは説得力は半減します。

失敗するかもしれなくても、もっとチャレンジしてみませんか？

こうして本書を手に取ってくれた、コミュニケーションへの意識の高いあなたにならできるはずです！

資料に頼らず、相手の目を見ながら人前で話せたとき、あなたの熱意と、プロフェッショナルな姿勢が相手にダイレクトに伝わります。さらには、今まで感じたことのない達成感と自信というヴェールに包まれる感覚を味わうことができるのです。

「質問に答えるだけの人」になるな

個人的なお付き合いはありませんが、会話において、「質問に答えるだけの人」を目にすることがしばしばあります。

例えば、私が知人と一緒にいるときに、その知人の知り合いのAさんとばったり会ったときのことです。

知人は私とAさんに気を遣い、「Aさん、こちらはイメージコンサルタントの吉原さんです。こちらはデザイン会社を経営されているAさんです」などと簡単に紹介をしてくれます。

知人の顔を立てるためにも、私とAさんは、知人による紹介の後、感じよく一言でも会話をすることがマナーだと考えました。

一通りの挨拶を終えて、私は「Aさんのオフィスはお近くなんですか？」などと質問をしてみると、「はい。この近くの〇〇ビルです」と答えてくれました。

あるいは、「グリーンのスカーフがよくお似合いですね」などと伝えれば、「グリーンが好きなんです」とAさんは答えます。

ところが、私にもオフィスの場所について同じ質問がくるのかなと思いきや、ご自身が答えるだけ答えて会話は途絶え、不思議な笑みを浮かべて終わってしまいました。

要は、私（相手）に対して、なんの興味もなかったのでしょう。

ただ、このような場合、相手に興味がないことは一向に構いませんが、紹介してくれた人に恥をかかせないよう、お互いに一言くらいの会話はあったほうがスマートに見えるものです。

先ほどのように、「オフィスはお近くですか？」と聞くことは、私にとって雑談ではなく、知人とAさんへの礼儀の一つであると考えています。

企業面接や、お見合いでも同じような状況があります。

質問には答えるけれど、相手には質問を返さないという人たちがいます。

決して悪い人ではないと思うのですが、相手の気分をよくできない人というのは、コミュニケーションスキルの問題以上に、人柄への印象が大きくマイナスになります。

私が親しくしている先輩女性は、先ほどのような状況のとき、私と一緒にいる人に対して、とても丁寧に接してくれます。

例えば、私が友人と一緒にいて、その先輩女性とばったり会ったときのことです。

挨拶をして簡単に先輩に友人のことを紹介すると、「珠央さんのお友達は、皆さん素敵な方ばかりね」「あら、今からランチですか。お話が盛り上がりそう。ぜひ楽しんできてくださいね。じゃあ、またね珠央さん！　陽子さん（私が一緒にいた友人の名前）ともお会いできて嬉しかったわ」など。

友人のことを立ててくれるさりげない優しさと笑顔で、しかも短い会話にまとめてくださるセンスはお見事です。

また仕事でも、人材派遣会社を経営する米国人の友人は、同じような状況の中で、私と一緒にいる仕事の取引先の人へしっかりとしたアイコンタクトと、握手を交わしてくれます。

私と一緒にいる人への敬意と配慮を感じられるふるまいには、温かい人柄と教養を感じます。

さて、視野が狭く、器さえ小さく見えてしまいそうな「質問に答えるだけの人」というのは、大きく3つのタイプがいるように感じます。

1つ目は、緊張からくるタイプ。
2つ目は、相手に興味がなく、「自分大好き」というタイプ。
3つ目は、単純に全く気が利かないタイプ。

結局、「質問に答えるだけの人」への対策はする必要はなく、考えるだけ時間のムダだと思っています。

よほど、あなたに大きな影響（利益、権限など）を与えそうな人物であれば別ですが、ないのであれば、あなたから相手に質問をする必要はなく、穏やかな表情で沈黙を乗り切ればよいでしょう。

ただし、自分自身が「質問に答えるだけの人」だと思われないようにするための対策については、早急に手を打つ必要があります。

最も簡単な方法は、身近にいるお手本となる人の真似をすることです。

私自身、20代のころ、気の利いたこともいえず、相手が自分よりも先輩で、実績がある人の場合は萎縮してしまうこともありました。

そこで、周囲でお手本となる人たちを観察して真似してみると、とても自信がある女性のようにふるまうことができて、相手と自然な会話が続くようになりました。

そんな経験を通して、印象と評価で損をする「質問に答えるだけの人」にならないために重要なポイントは2つだけだということがわかりましたので、紹介させてもらいますね。

①最初と最後に相手の名前を呼ぶ
「○○さんですね。はじめまして」「○○さん、お会いできて嬉しかったです」

②相手がしてくれた質問と同じ質問を返す
※明らかに社会的地位が高い人や、著名な人への質問は失礼にあたることもあります。
「私のオフィスは虎ノ門なんです。○○さんはどちらですか？」


このように、方法は簡単です。

さあ早速、声に出して準備して、次の偶然に備えましょう！

「本気のゴマすり」で相手を動かす

「ゴマをするなんて最低だ」という人がいるとします。

そのように思っている人に対して、私は、「ゴマをすらないほうが失礼だ」と反論します。

「ゴマすり」と聞くと、したたかで、嘘やお世辞で相手に媚びるかのようなネガティブなイメージを持つ人が多くいます。

それは、ゴマすりが中途半端で、極めていない人たちに限ってのことだと断言します。

「ゴマをすっている」といわれる多くの人は、相手を喜ばせたいという思いが根底にある場合もあり、サービス精神が旺盛であるともいえます（腹黒い思惑があって、人をだましたり、犯罪まがいのことに繋がっている場合を除きます）。

逆に、相手にゴマをする気にもなれないという人がいたら、なんて傲慢なのだろうという印象を持ってしまいます。

「ゴマすり」は、相手をよい気分にさせたいという意識から発生する気遣いであり、コミュニケーションの潤滑油だと考えると、非常に健全なマナーであるともいえます。

明らかにしたたかだと思われるような浅いゴマすりは問題ですが、ゴマすり自体はどんどんすべきです。

私自身、大切な人たちへの本気のゴマすりのおかげで本も出せましたし、クライアントとの良好な関係を築けたり、紹介のご縁で仕事をいただくなど、ゴマすりによる影響は大きいと自覚しています。

ただし、本気のゴマすりには、リサーチ力と想像力が不可欠です。

リサーチといっても、興信所に依頼するような大がかりなものではありません。最も簡単な方法は、外見または内面のどちらかの最たる特徴や魅力を一点集中で伝えることです。例えば、「相変わらず国賓レベルの風格ですね！」「田中さんの眼力ほど強いインパクトの方は初めてかもです」「ハリウッドから有名人が来日しているかと思うほどのオーラが出ていましたよ！」「えっ！　そのネックレス１０００円なんですか？　三田さんがつけているとミキモトか、タサキにしか見えません！」「池上彰さん並みのわかりやすいお話に聞き入ってしまいました」

などです。

また、もし相手がSNSのアカウントを持っていれば、チェックしておくといいですよね。その中で印象的な記事や画像についての感想や質問を、最低でも3つは準備してから打ち合わせに臨みます。

「本田さん、先週のロンドンのご出張から戻られてすぐに、お時間をいただきましてありがとうございます！　フェイスブックで拝見したのですが、ロンドンで着ていらしたスーツがとってもお似合いで素敵でした。ジェームズ・ボンドの雰囲気そのものでしたよ！」

「渡辺さん、京都店のご出店おめでとうございます！　サイトで新店舗を拝見しましたが、京都の街並みにあれだけ馴染むモダンな外観のお店はなかなかないですよね。もちろん、インスタグラムはフォローさせていただいています。今度、京都へ行く際には、ぜひ立ち寄らせていただきますね」など。

ファッションセンスがある人、ビジネスセンスが光る人など、相手の個性や魅力に合わせて言葉を選ぶのがコツです。

このように、「情報×相手の個性・魅力」をうまくかけ合わせた本気のゴマすりができれば、相手に快く感じてもらえるとともに、「実は、こんなこともあったんですよ」などという新たな情報を聞かせてもらったり、お互いの距離が縮まるチャンスを与えてもらえることもしばしばです。

「ゴマをするなら本気ですれ！　本気でないなら口を閉じろ」というのが持論です。

相手はあなたが思っている以上に、人の言葉に敏感です。

繰り返しますが、ゴマすりは「コミュニケーションの潤滑油」だととらえてください。

もし、あなたが相手にゴマをするときに恥ずかしさがあるなら、まだまだあなた自身が自分の言葉の力を信じ切れていないのかもしれません。

あなたが相手から信用してほしい、対等に話をさせてもらいたいと願うのであれば、相手の魅力を一点に絞り込み、本気の言葉を伝えてみましょう。

「雰囲気がある↓人を引きつけてやまない人柄とオーラがある」「いつも素晴らしいアイディアを出す↓人や時代を読む力とセンスがずば抜けている」「明るくて笑顔が素敵↓今年会った人の中でダントツに笑顔のインパクトが強い」

言葉を少し盛ってもいいのです（笑）。そして、ゴマをするときには、ためらうことなく堂々といい切ってください。

ただし、一点気をつけたいことがあります。それは、「最近、頭が悪い人ばかりですが、あなたは違う」などと、他者を否定するような言葉を使ってまでゴマをすらないことです。

他者との否定的な比較よりも、あなた自身が「強く思う」というニュアンスで伝えるほうが、誠実な人柄が伝わります。そして、伝えているあなたが照れていては、言葉の信ぴょう性が半減します。

ゴマをするときには、何もテンションを無理に上げる必要はありません。落ち着いた声のトーンのままで、大丈夫です。

本気のゴマすりで、あなたはもっと誰かを喜ばせることができるはず！

「感じがよいだけの人」にはなるな

あなたの周りに、「感じがよいだけの人」はいませんか？

例えば、美容院の予約時間に遅れてしまったお客様が、「今朝、夫が風邪をひいてしまって、色々と準備してから家を出てきたので、遅くなってごめんなさい」と、美容院の受付係に伝えたとしましょう。

あなたが受付係でしたら、どのように反応しますか？

私が指摘している「感じがよいだけの人」たちは、にこやかに「大丈夫ですよ〜」といって終わります。

逆に、「感じがよい」というレベルにとどまらず、信用に値する人たちというのは、「ご主人様が大変なときでいらっしゃるのに、来店していただきありがとうございます。具合は大丈夫でしたか？」と、まずはいうでしょう。

続けて「本日は、できるだけスピーディーに進めさせていただきますね」と先回りして相手を安心させてあげられる言葉もいえる人たちです。

ほんの小さな場面ですが、「信用」に繋がるか繋がらないかは、ちょっとした違いですよね。

仕事や人間関係を通して、「どうしてもこの人とは仲よくなりたい」「この人から仕事の依頼を受けたい」「この人から信用してもらわないとだめなんだ」「この人とパートナー（役職、恋人、結婚相手など）になりたい」などという目的がある人たちが本書を読んでくれているという前提で、ずばり申し上げます。

あなたにとっては、相手から「感じがよい」「聞くのがうまい」などと思われるよりも、「この人に託したい」「一緒にいたい」と思われることが最終目的であるはずです。

極端にいえば、あなたの印象が「それほどよくはない」としても、相手から選ばれる存在であればよいわけです。

つまり、感じのよさだけを追求していては、状況が好転していくわけがないのです。

確かに、相手が受け取るあなたの印象として、「感じ」は悪いよりよいに越したことはありません！

しかしながら、信用に繋がらない中身のない上辺だけの「好印象」は、あなたに何ももたらしてはくれません。それでは、私たちはどうすればよいのでしょうか。

その答えは単純明快です。「相手の話したことにちゃんと反応する」ことを徹底するだけです。まずは、相手の発する情報を聞き逃さないことから始めましょう。

そういえば、ある日、私がヒールのある靴をセレクトショップで探していたときのことです。ディスプレイされていた靴を手に取って見させてもらい、少しイメージと違っていたので、その靴を戻そうとしました。

なかなか上手に、もともとディスプレイされていたときのように形を決められずにいると、その状況を見た店員が、「あっ、やります」と靴だけを見ながら一言いって、靴を戻してくれました。私が「ありがとうございます」というと、無言のままレジに戻っていかれました。

私には大きな違和感が残りました。

もしも、あのときの店員が私とアイコンタクトを取りながら「手に取って見ていただいてありがとうございます！（靴を取って）私にお任せください。もし、ヒールのタイプでお探しでしたら、こちらの商品よりも1センチほど低いヒールで、歩きやすいタイプがございますので、ぜひご覧になってみませんか？」などといってくれたら、印象も、その場で買い物をしようという意欲も、全く違ったでしょう。私が実際に出会った店員の事例では、「感じがよいだけの人」どころか、「感じをよく見せる努力すらしない人」になっていましたね。

本来、人は会話の相手に対して、「この人を信用したい」「この人が信用できる人であってほしい」といった期待を、根底に持っているのではないでしょうか。

だからこそ、私たちは相手の発する言葉や情報を全てキャッチし、期待を裏切ることがないよう、緊張感を持つことができるのです。

それによって、最初の事例のように、「こんな大変なときにも来店していただき感謝します」「ご主人様がお待ちですから、素早くサービスさせていただきます」といった、信用に値する反応が自然と出てくるはずです。

「感じがよいだけの人」だなんて、もったいない！

今日からは「感じも反応もよい人」を目指していきましょう。

「無礼な人」は淡々とやり過ごす

私はイメージコンサルタントとして、プレゼンやコミュニケーションのコンサルティングをしているので意外に思われるかもしれませんが、私自身、苦手なタイプの人がいて、「この人とはうまく付き合えない」と感じるときもあります。

先日は、自分の器の小ささに、時間を巻き戻してやり直したいほど情けなくなる出来事がありました。

それは、上から目線で、根掘り葉掘りプライベートな質問をしてくるのに、「あっ、そう」という軽いリアクションしかしないのが不快に感じる、知り合いの女性のエピソードです（滅多にお会いすることがないので本に書いています）。

出会ったときから、何かしっくりとこない違和感があったので、深くは関わらないようにしようと用心していました。

ある日、広場で遊ぶ子供たちを見守れる距離で、母親たち数人で、近くにあったテーブルに座って話をしていたときのことです。

例の女性が私に、「ドリンクを買いたいのだけど、今、お金を持っていないから貸してくれる？」というので、「もちろんいいですよ」といってお金を渡しました。

その後、ドリンクを買ってテーブルに戻ってきた彼女が座るとすぐ、「あー、（キャップが）開かない。開けて」と脱力感を全開にして、ため息交じりにいうと、目も合わせずに私にペットボトルを投げるかのように渡してきたのです。

実は、このやり取りの前にも、感じ悪いな……と思う場面が多々あったので、私は我慢できず、「無理！　今、爪が割れていてできないんです」と答えて、完全に拒否したのです。

彼女が無言でペットボトルを取り戻すと、同じテーブルにいた他の女性が、「私がやりますよ！」といって、それに応じたのでした。

私の頭の中で、「ガーン」という効果音が鳴り響いた気がしました（笑）。

40歳を超えても、こんなことで怒り心頭に発し、「無理！」という稚拙で決定的な拒否反応を声に出してしまうなんて……。

穴があったら入って、そのまま次の季節まで出てきたくないほどの恥ずかしさです。

そうなのです。私は「無礼な人」が大の苦手です。

ところが、あの女性のことを「無礼だ」と感じて、あからさまにその相手を拒否する言動をとった私自身のほうがもっと無礼だというふうにも感じ、ひどく落ち込みました。

彼女との関係性よりも、そのテーブルにいた他の女性たちからの信頼を失ってしまったことと、私自身の忍耐力のなさと情けなさに、気持ちのやり場が見つかりませんでした。

幸い、子供たちには見られていなかったことだけが救いです。

この例で、私が最も伝えたいことは、一瞬の怒りで失うものは大きく、その後悔の傷は限りなく深いということです。このことを読者の皆さんにも知ってほしいとの思いで、このエピソードを書いてみました。

たかがペットボトルの蓋を開ける・開けないというだけのことですよ……。全くお恥ずかしい。

今ふり返れば、あのときクールな表情で「いいですよ」といって、ささっと蓋を開けてあげたらよかったのです。

もともと、相手が苦手な人だとわかっていたのですから、もっと気持ちの準備をしておくべきでした。例えば、「穏やかに、穏やかに」と頭の中で意識して唱えるだけでも違うでしょう。

仕事の中では、先ほどのような私自身の無礼な態度でここまで後悔したことは、恐らくなかったと記憶しています。

けれども、感情をコントロールできず信頼を失いかねない事態は、仕事でもプライベートでも常に背中合わせです。自分を知ることで、大事《おおごと》にならないよう、毎日緊張感を持って過ごすしかありません。

もう一つ、私が伝えたいことがあります。

それは、もし無礼だと感じる相手が目の前にいたら、淡々とやり過ごすのが一番だということです。

どうすればよいか。それはずばり、何もいわずに口角をやんわりと上げて対応するということです！

口は災いの元。無礼と感じる相手に対して、雑談やお世辞はいりません。

無礼な人相手に、自分の心をごまかすため、無理に「いい人」を演じていると、相手のさらなる上から目線の言動に、「こっちは頑張っているのに！」と、余計に怒りが増すからです。

仕事の場面でしたら、必要な会話だけに集中することです。怒りの感情に任せて、「いってやりたい！」と頭をよぎる言葉の99％は、いわなくてよいことのはずです。そもそも、プライベートでは自分自身の尺度で「無礼な人だ」と思う人には近づく必要はありません。

とはいえ、子供がいる、家族ぐるみの付き合いがある、将来的に仕事で繋がる相手かもしれない……など、遠ざけるわけにはいかない関係性の相手もいるかもしれません。

しかし、とにかく口を開かず、何もいわず、表情はゆるやかに過ごしてみましょう。

もし、それでも感情が抑え切れないときは、「あっ、大事な電話が入っていたわ！　ちょっとかけてくる」「トイレに行きたくなってしまいました！　失礼します」などといって、その場から立ち去るのも手かもしれません。

以上、40歳を超えてもまだまだ人間が小さい私の学びでした。

「ペットボトルの蓋くらいのことで……」と、呆れているあなたにとっては、心配ご無用かもしれませんが、私自身も、誰かの話を聞く立場でしたら、同じことを思うのです。

だからこそ、心配ご無用のあなたにも、あえて知ってほしいと切実に思うのでした。

「無理！」「なんて失礼な！」などという、自分も相手も、それを聞いている周囲の人たちも、誰もが不快な思いをする言葉は、できれば使いたくありません。

ですから、感情が激しく揺れたときを想定し、「余計なことは一切いわない」という強い意志を持って、淡々と対応できる自分を日頃からイメージしておきたいと痛切に感じています。

心に刺さる言葉だけを使う

私たちは普段、相手から好かれたくて、あるいは嫌われたくなくて会話をしているのでしょうか？

私自身は、仕事上の会話では、相手に信用されてこそ仕事を依頼してもらえますから、利益に繋がるよう意識した言葉選びを実践しています。目的はシンプルです。

そのためにわざわざ相手を雑談に付き合わせる必要はありません。

会話を途切れさせないように、１０００の言葉を使って会話を埋め尽くすことよりも、相手の話したいことや話したこと、相手の魅力や相手が気づいていないことに着目して、たった一言でも心に刺さる反応を探すべきなのではないでしょうか。

それは、ふと気づいたこと、ふと疑問に思ったことを言葉にするということでもあります。

例えば、誰かと連絡先の交換をした際に、相手のＬＩＮＥ（日本国内で７８００万人以上ものユーザー数を誇るコミュニケーションアプリ）のプロフィール写真がペットの画像だったとします。

「渡辺さんのペットですか？」と聞いてみます。

「可愛い!!」という反応はもちろんですが、「なんだか、幸せに暮らしているのが伝わってくるような表情ですね」「大事にされて、愛情をたっぷり注がれているのが伝わってきますね」と、あなたなりに気づいたことを伝えてみましょう。

動物を見て、「可愛い！」という反応だけではなく、その動物がどのような暮らしをしているのか、どのように愛情を受けて育っているのかなど、飼い主のどのような思いを感じるか、想像で構いませんので、視野を広げて言葉を探してみるのです。

また、おしゃれとはいい難いけれども、個性的で「何かつっこんでください！」といわんばかりの存在感ある帽子を被っている人がいたら、「どうすれば、こんなに個性的な帽子が似合うようになるんですか？」など。

素敵だなんて少しも思っていないのに、「素敵ですね！」と繕うことは処世術かもしれませんが、疲れますよね。

それよりも、「あなたの帽子は変だ！　でも、あなた自身が堂々としているところがかっこいい！」という視点で反応すればよいのです。

反応したくても、年代のギャップや、階層の違いなど、畑が違いすぎて、どのように反応してよいのやらといった場合もあるかと思います。例えば、エリートといえるような経歴で活躍している人、部下を束ねる大企業の部長クラス、企業役員、起業家、医師など様々です。

そういう相手を目の前にしたとき、私のように高学歴でもなく、その業界に精通するどころか、「その単語、何ですか？」という知識レベルであったとしても、また社会で高いとされるポジションでないにしても、誰もが臆することなく会話はできるのです。

「何も知らないとバカにされそうだ」と、心配する必要はありません。むしろ、「高橋さんはエリートすぎて、凡人の私にはお仕事のことがあまりよくわからないんだけど」などといってみると、大抵が笑ってくれて、「全然エリートじゃないですよ」とか、「難しいよね〜」などといって、わかりやすく教えてもらえることがしばしばです。

まずは、相手がその道で活躍されているのは、並々ならぬ努力と工夫を重ねてきたからであるはずです。

エリートたちは、その中で生き残るため、現状維持など許されず、日々、さらに他より抜きん出るための熾烈な戦いをしているといえます。

そういった背景に興味・感心を持って、「選ばれし人にしかできないお仕事ですよね。イギリスでガン細胞の研究って、毎日どんなことをされるのですか？」と聞いてみれば、きっとわかりやすく答えてくれるはずです。

むしろ、それでわかりやすくもなく、不親切な答え方をする人であれば、真のエリートではないですよね。

先日、来日したばかりの外国籍のご夫婦と、息子同士の習い事が一緒というご縁で出会い、お喋りをしたときのことです。

ご夫婦ともにグーグルでバリバリと働いていると知って、「グーグルで働いているの！　それはクールですね。具体的には何を担当されているの？　（テーブルに置いてあったスマートフォンを見て）あっ、それはグーグルのスマホ『Google Pixel』？　実は、少し前に、iPhoneにしようか、Google Pixelを新たに使おうか迷っていたの。ごめんね、結局、日本で発売直後だったこともあり、そのときはiPhoneにしてしまったんだけど、Google Pixelを実際に使っている方とお話しできて嬉しい！　カメラの性能が素晴らしいと聞いたのだけど、どう？」と聞きました。

すると、子供たちの画像を見せてくれて、「すごくいいよ！　ほらね、この画像見てよ……」というところから始まり、担当している部門での仕事内容や育児休暇や日本人とのコミュニケーションについてなど、様々なことを話してくれました。

私は「うわー、すごい！　どう撮影するの？」などとカメラの使い方も教えてもらいました。「次にくる大きなニュースはある？」などと、私は興味の向くまま彼らに聞きながら、私自身の仕事の話とも絡ませて、「でも、二人でバリバリ働きながら、まだ慣れない日本で二人のお子さんの育児は大変ですよね。何かお手伝いができることがあったら教えてね」と伝えました。

「そんなことをいってくれて、本当にありがとう！」と、安堵の表情でお礼をいわれたことが印象的でした。

こうして楽しく会話をすることができました。

ユーザー目線で話をしてみると、マーケティング用語も使いませんし、技術的なことを知らなくても、話は大いに盛り上がります。

つまり、自分が精通していない業界で活躍している人たちに対して、必要以上に恐怖心を持たなくても会話は楽しめるのです。

もちろん、中には仕事の話が好きではない方もいますから、相手の反応をよく観察することが求められます。

そして、ときに、意地の悪い人や人を見下すような人もいるかもしれませんが、あなた自身がよくわからないことに知ったかぶりをし、自分を大きく見せようと背のびすることなく、素直な気持ちで話をしてみるほうが、断然ストレスも少なく、楽しいはずです。

「自分とは畑が違いすぎて、何を話したらよいのかわからない」なんて思ったときは、究極的には、「誰もが人の子である」という共通点を思い出してみてください！

伝統芸能を継承される気難しそうな人だって、理解できないくらい創造的な絵画を描くアーティストだって、ＩＱが高くて米国で飛び級して大学に入った10歳の少年だって、誰もが人との温かみを感じる楽しい会話ができたらいいなぁ、と少なからず願っているはずです。
私たちには、もう雑談は必要ありません。
自分自身と相手のために、その時間が輝くような会話をしていきましょう。
相手に刺さる言葉は、あなた自身がすでに持っているのですから。

あとがき

最後まで本書を読んでくださって、ありがとうございました。

今、もしあなたが、あなたにとって大切な人を思い浮かべて、その人と次に会話ができるチャンスをワクワクと待つ気持ちになっていたら、とても嬉しく思います。

コミュニケーションに関する書籍については、「誰でも知っていることばかり書かれている」「基本的なことばかりだ」「初心者向けだ」「新社会人向けの内容」などというレビューを目にすることが多くあります。

この本に対しても、そういった感想を持たれる方がいるかもしれません。

もちろん、自由な発想で何かを感じ取っていただければよいのですが、コミュニケーションに関する本を書いている私が、自信を持っていえることがあるとするならば、「いつの時代も基本的なことが大事である」ということです。

また、自分らしく生きるために、大切な人をサポートしたり、守ったり、手に入れたいものがある以上、私たちにとって会話を通してのコミュニケーションは必要不可欠です。

その会話は、常に、どんな人とであっても、相手への敬意や感謝の連続で成り立つものです。ですから私自身も、あなたが高校生であれ、新社会人であれ、人生の大先輩であれ、本書を読んでくださったことへの、ありがたい気持ちの深さは同じです。

こんな私の本を選び、ページを開き、読み終えてくれて、貴重なお時間を「この本に使おう」と少しでも思ってくれたあなたとのご縁を、どうか大切にさせてください。

さて、本書を書いている最中、平成から令和へと元号が変わりました。

今後もさらに、ＩｏＴ（Internet of Things）を活用し、スマートフォン一つあれば、買い物も、音楽も、映画のチケット購入も、旅行の手配も、何でも事足りてしまう便利な世の中であり続けていくでしょう。

そんなふうに世の中は変化し続けていても、私が生まれた昭和も、駆け抜けてきた平成も、そして令和においても、人付き合いや、その会話における考え方には、あまり変化がないように感じています。

「笑顔であいさつ」「ありがとうを伝えよう」など、私が小学生時代、教室に貼ってあったクラスの標語ポスターの内容は、現在の子供たちも、学校で見聞きすることが当たり前なのではないでしょうか。

日本の義務教育に、英語やインターネットの授業が加わっても、私たちのライフスタイルの中から、基本的なマナーについての考え方が消えることは、今後もないはずです。

むしろ基本的なことは、この先も引き継いでほしいと願うばかりです。

今日、明日という未来はもちろんですが、私たち大人を見て、子供たちも「心が通う会話は楽しい！」と感じられるような、そんな会話ができる人たちが増えていくことを願います。

私たち大人の社会においても、余計なことではなく、本当に話したいこと、知りたいことを気持ちよく伝え合える世の中にしたいと切望しています。

私は、仕事も、恋愛も、友人関係も、夫婦関係も、日々の会話によって、自分自身の幸福度を無限に上げていくことが可能だと本気で信じています。

毎日の会話の中にこそ、未来の私たち自身の姿のもとになるものが詰まっているのです。

もちろん、それをいっている私自身が最も努力すべきですから、地道に細々とでも、コミュニケーションの基本的なこと（挨拶やお礼、相手を尊敬し感謝すること）や、「雑談よりも反応力を磨く」ということを発信し続けていきたいと考えています。

今後も、あなたにお付き合いいただくことができましたら幸いです。

改めまして、本書を読んでくださった読者の皆様へのお礼と、また普段の生活の中で、私に気づきを与え続けてくれる周囲の方々や家族、そして初めて本を出版したときから10年になるお付き合いで、的確で鋭いアドバイスと温かいお言葉でサポートしてくださった幻冬舎の四本さんへの感謝をこめて。

２０１９年６月

吉原珠央

著者略歴

吉原珠央《よしはらたまお》

イメージコンサルタント。プレゼンテーション、コミュニケーションをメインにしたコンサルティングを行うほか、「体感して学ぶ」というオリジナルのメソッドで、企業向け研修や講演活動を全国で実施。また「ストレスフリー」をコンセプトにした化粧品、ファッションアイテムなどを扱うブランド『PURA Tokyo』を立ち上げ、会社を経営。

著書に『「また会いたい」と思われる人の38のルール』『「もっと話したい!」と思われる人の44のルール』『人とモノを自由に選べるようになる本』(すべて幻冬舎)、『パワーウーマンのつくり方』『「選ばれる女性」のシンプルな習慣40』(ともに宝島社)、『30歳から求められる女性50のリスト』(三笠書房)がある。

公式ブログ「イメージコンサルタント吉原珠央の美的コミュニケーション&ライフスタイル論」

https://ameblo.jp/womancbbyoshihara

幻冬舎新書 566

自分のことは話すな
仕事と人間関係を劇的によくする技術

二〇一九年七月三十日 第一刷発行
二〇二〇年五月三十日 第十八刷発行

著者 吉原珠央
発行人 志儀保博
編集人 小木田順子
発行所 株式会社 幻冬舎
〒一五一-〇〇五一 東京都渋谷区千駄ヶ谷四-九-七
電話 〇三-五四一一-六二一一(編集)
〇三-五四一一-六二二二(営業)
振替 〇〇一二〇-八-七六七六四三
ブックデザイン 鈴木成一デザイン室
印刷・製本所 中央精版印刷株式会社

Printed in Japan ISBN978-4-344-98567-4 C0295
よ-7-1

幻冬舎ホームページアドレス https://www.gentosha.co.jp/
*この本に関するご意見・ご感想をメールでお寄せいただく場合は、comment@gentosha.co.jp まで。

幻冬舎新書

梶原しげる
毒舌の会話術
引きつける・説得する・ウケる

カリスマや仕事のデキる人は、実は「毒舌家」であることが多い。毒舌は、相手との距離を短時間で縮め、濃い人間関係を築ける、高度な会話テクニックなのだ。簡単かつ効果絶大の、禁断の会話術。

川上徹也
一言力《ひとことりょく》

「一言力」とは「短く本質をえぐる言葉で表現する能力」。「要約力」「断言力」「短答力」など「一言力」を構成する7つの能力からアプローチする実践的ノウハウで、一生の武器になる「一言力」が身につく一冊。

山下景子
ほめことば練習帳

「折り紙付き」「圧巻」などよく耳にする言葉から、「口果報」「柳絮の才」のように現代ではそう使われることのない言葉まで、語源を遡り解説。言葉を使いこなし、人生を豊かにする練習帳。

伊藤真
説得力ある伝え方
口下手がハンデでなくなる68の知恵

相手を言い負かすのではなく、納得した相手に自発的に態度や行動を変えてもらうのが「説得する」ということ。カリスマ塾長・経営者・弁護士として多くの人の心を動かしてきた著者がその極意を伝授。

幻冬舎新書

近藤勝重
なぜあの人は人望を集めるのか
その聞き方と話し方

人望がある人とはどんな人か？　その人間像を明らかにし、その話し方などを具体的なテクニックにして伝授。体験を生かした説得力ある語り口など、人間関係を劇的に変えるヒントが満載。

黒川伊保子
妻語《つまご》を学ぶ

「仕事と私（家族）、どっちが大事!?」……男性にとって永遠の謎である女の不機嫌は18種類に分類でき、そのすべてに対処法がある。人工知能研究者が脳科学の見地から説いた究極の指南書。

森博嗣
悲観する力

成功したいなら、悲観せよ！——ポジティブ・シンキングにはなんの意味も価値もない。豊かな社会ゆえの楽観を排し、人間に決定的に不足する「エラーの想定＝悲観」の有効な技術を伝授する。

内館牧子
女の不作法

不作法の多くは本人が無自覚である。本書で紹介するのは、著者自身の失敗や経験、多くの男女から聞き集めた話をもとにまとめた、人生で損をしない為にも気づいておきたい女性ならではの不作法の数々。